教父哲学で読み解く
キリスト教

キリスト教の生い立ちをめぐる
3つの問い

土橋 茂樹

教文館

はじめに

この本は、キリスト教のことをもっとよく知りたいと思っている皆さんに向けて、キリスト教の形成期いわばその生い立ちから説き起こし、キリスト教の本質を明らかにするために書かれています。

そもそもキリスト教の生い立ちを知ろうとするなら、キリスト教成立以降、正統教義の確立に至るまで古代教会の指導者であった「教父」たちほど頼もしい案内人は他にいません。なぜなら、キリスト教の土台を築き上げた、文字通り「教会の父」とも言うべき人たちが教父だからです。本書では、最盛期の東ローマ帝国（後のビザンツ帝国）の領土とほぼ重なる東方ギリシア語圏で活躍した「東方教父」（ギリシア教父）と呼ばれる教父たちのうち、二世紀から四世紀に登場する人物を中心的に紹介していきます。彼らは、古代ギリシアの文芸や哲学の教養を高度に身につけていましたので、ごく自然にギリシア哲学のものの見方、考え方に即してキリスト教の教えをまとめあげていったものと考えられます。

それに当時はギリシア語が地中海世界の共通語になっていました。新約聖書もギリシア語で書かれて（また旧約聖書はギリシア語に翻訳されて）いましたから、ギリシア教父たちはキリスト教とギリシア哲学という二つの源泉に直接触れることができたわけです。この本は、そうしたキリスト教の土台を作り上げたギリシア教父という先人たちが辿った道のり、つまりユダヤ教から始まるキリスト教の生い立ちを、古代ギリシア由来の哲学的な考え方を参考にしながら辿り直してみようという試みです。したがって、「西方教父」（ラテン教父）と呼ばれる、西方ラテン語圏で活躍し、ラテン語で著作した教父たちについては、説明上必要な範囲で言及するにとどめます。

以上のような考えに基づき、本書では、キリスト教の生い立ちをギリシア教父哲学の観点から解明することによって、キリスト教の根本教義がどのように形成されていったかを明快に説明することを目指します。そのために、本書ではキリスト教を理解するためのもっとも基本的な三つの問い、おそらく聖書を少しでも読みかじった人ならきっと抱いたにちがいない三つの「なぜ？」に答えていきたいと思います。その三つの問いとは、

「なぜイエス・キリストは《御言葉》と呼ばれるのか？」（第1章）
「なぜイエス・キリストは《子》と呼ばれるのか？」（第2章）
「なぜイエス・キリストは《神の像》と呼ばれるのか？」（第3章）

という、とても素朴な、だからこそこれまであまり問われてこなかった問いです。

これらの問いに答えていく過程で、できれば知っておいたほうがよいキリスト教の基礎知識に

ついては、その都度、話の流れに沿って説明がなされます。その意味では、本書はキリスト教の入門書という性格を備えています。しかし同時に、ある程度キリスト教を勉強してこられた方や信者の方たちにも十分読み応えのある内容を目指しています。したがって、時にはいくつもの重要な考えが立て続けに出てくることもありますし、一度読んだだけではよく理解できないことがあるかもしれません。しかし、そのような重要な箇所については、後で必ず繰り返し説明していきますので、細かいことはあまり気にせず先に読み進めていってください。キリスト教がみずからのアイデンティティを形成していく道筋がいかに複雑で興味深いものか、その面白さをできるだけ多くの人たちに知ってもらうために、本書では、基本的な事柄に関する丁寧な説明を、根気よく一つ一つ丹念に積み重ねていくつもりです。そうすることによって、やがてそれが複雑で難解な議論の解明にもつながっていくことを願ってやみません。

ただし、一つだけあらかじめご理解いただきたいことがあります。それは、カタカナで次から次に登場する人名についてです。海外の小説、たとえばドストエフスキーを読もうと思っても、フョードル・パーヴロヴィチ・カラマーゾフとかリザヴェータ・スメルジャーシチャヤとか次々に登場する舌を噛みそうな名前を見ただけで腰がひけてしまうことがよくあります。本書が扱う教父たちも主に地中海東方世界で、しかも古代に生きた人たちですから、たとえば、アンティオケイアのイグナティオスとかアレクサンドレイアのクレメンスというように、私たちには馴染みのない名前ばかりです。

そんな覚えられもしない名前を並べ立てて、一体何がしたいのかと思われても仕方ありません。しかし、こう考えてはいただけないでしょうか。裁判審理に一般市民が参加する裁判員制度をご存知だと思いますが、今仮に皆さんが裁判員になったとしましょう。当然、その審理の過程で被告、原告双方から多くの証人が出廷するはずです。証人たちは真実のみを述べることを宣誓し証言するわけですから、当然、匿名ではなく本名を名乗って証言します。その時、皆さん裁判員は、次々に登場する証人たちの名前を全部覚えるわけではありませんし、そもそも全部覚えられるはずもありません。大事なのは名前ではなく、その人の証言内容なのですから。それでも名前を正確に確定しておく必要があるのは、そうすることが、その人の証言に証拠能力があるとみなされるための必要条件だからです。

思想史上の証言も事情はまったく同じです。つまり、数々の証言、その多くは無数の著作からの引用ですが、それがしっかりとした思想史上の証拠能力をもつためには、その証言が「誰によって」なされたかが明確である必要があるからです。したがって、その都度、馴染みのない異国の名前が次から次へと挙げられるのは、彼らの証言が思想史に明確に位置付けられた信頼できる証拠であることのいわば鑑定書代わりだと思っていただきたいのです。もちろん、本書に登場する教父たちは、教父学や聖書学・神学において重要視される偉大な人物ばかりですから、彼らの名前にまったく無頓着でよいというわけではありません。ですから、せめてもの補助として、主だった教父たちの名前と彼らの生没年が一覧できるリストを最初に掲げておきますので、必要に応じてご参照いただければ幸いです。

それでは、早速、一つ目の問い「なぜイエス・キリストは《御言葉》と呼ばれるのか？」から始めていきましょう。

目次

装丁　田宮　俊和

凡例（この本で使われている記号や約束事の説明）

（1）一次文献、二次文献を問わず本書で引用される外国語文献（新旧約聖書を含む）については、訳語や文体の統一を図るため、引用文はすべて拙訳を用いています。もちろん、既刊の邦訳に多くを負っていることは言うまでもありません。訳者諸氏には衷心より感謝を申し上げます。既刊の邦訳については、管見による限りを巻末の「文献一覧」に挙げてあります。また、本書で扱う引用文中の〔　〕内の補記および傍点等はすべて引用者のものです。

（2）本文中でなされた引用には、原則として、その直後に著者名および和訳した書名と引用箇所（巻、章、節数など）を（　）内に記載してあります（文脈から著者名が特定できる場合は、著者名を省いたものもあります）。なお、使用した原典については、巻末の「文献一覧」にまとめて記載してあります。

また、新旧約聖書に収められた文書に関しては、聖書協会共同訳における書名略語表記に倣うこととし、書名との逐一の略語対照は省略します。なお、聖書からの出典表記は、たとえば「一ヨハ一・五」というように「書名略語／章／節」の順で表されています。ただし、詩篇の篇番号は七十人訳に依っています。

（3）本書では、ギリシア語のカナ表記のうち、ギリシア文字φ（ファイ）を[p]ではなく[f]と発音しています。たとえば、sophiaを「ソピア」ではなく「ソフィア」というように。さらにギリシア語の固有名詞や用語については原則として慣用に従っています。たとえば、Platōnを「プラトン」と長母音の音引きを省略して書くようにするなど。

また、人名や地名は東方世界に関するものに限って、一般的なラテン語読みではなく、ギリシア語読みを採っています。たとえば、「アタナシウス」は「アタナシオス」、「アリウス」は「アレイオス」、さらに「アレクサンドリア」は「アレクサンドレイア」というように。

（4） 本書では、三位一体論やキリスト論の文脈で三つの位格を示す場合、〈父〉・〈子〉・〈聖霊〉というように〈 〉で括って強調しています。普通名詞で「父」や「子」という場合はその限りではありません。また、「神のロゴス」が語られる文脈で〈ロゴス〉と表記される場合も同様です。

（5） 文脈上、本文中で十分な説明ができない用語については、その用語をゴチック体で表記し、巻末の「用語解説」でまとめて説明してあります。

（6） 参照した文献の出典や少し専門的な内容の注記は、注番号を付し、まとめて巻末の「注」に記載してありますが、本文を読み進めながら参照してほしい説明については、その都度、＊印を付して本文中に記載してあります。同様に、本文を補う意味で「補説」として読んでほしい箇所には、◆印を付してあります。

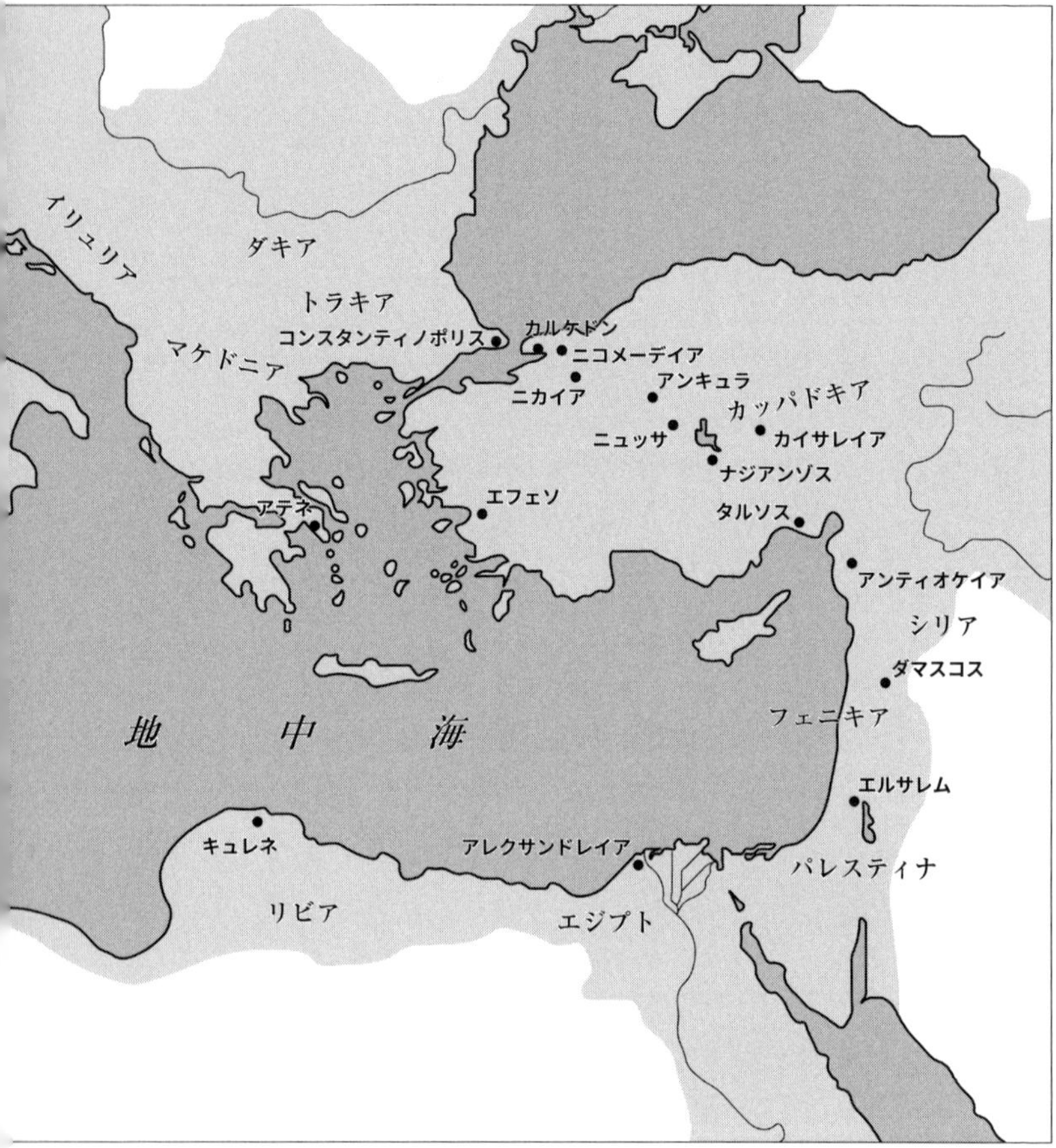
イリュリア
ダキア
トラキア
マケドニア
コンスタンティノポリス
カルケドン
ニコメーデイア
ニカイア
アンキュラ
カッパドキア
ニュッサ
カイサレイア
ナジアンゾス
エフェソ
アテネ
タルソス
アンティオケイア
シリア
ダマスコス
フェニキア
地中海
エルサレム
キュレネ
アレクサンドレイア
パレスティナ
リビア
エジプト

古代キリスト教世界地図

ローマ帝国最大版図

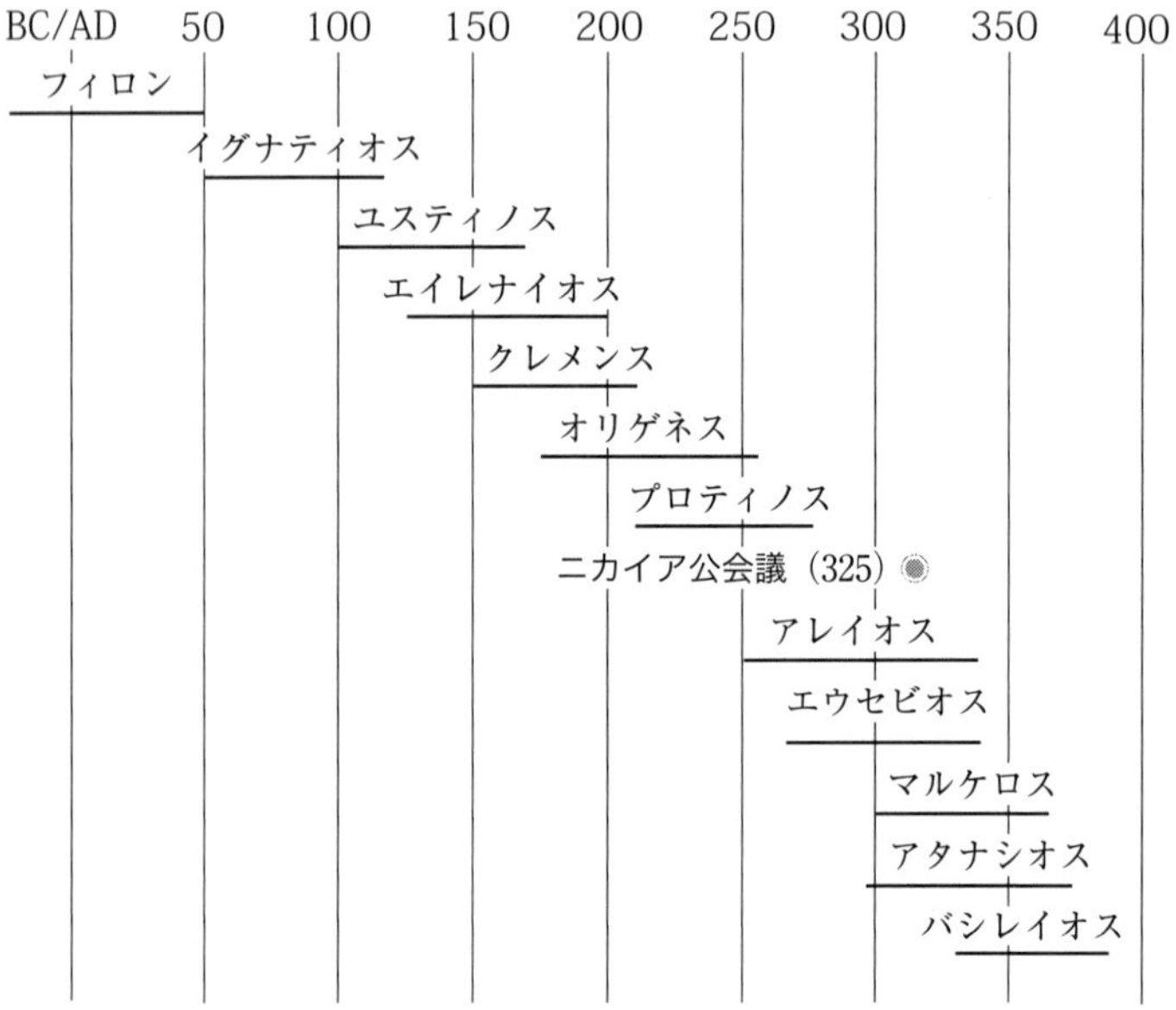

本書で登場する主な教父年譜

第1章

なぜイエス・キリストは《御言葉》と呼ばれるのか?

モザイク「イエスの洗礼」アレイオス派洗礼堂
(3世紀、ラヴェンナ、イタリア)

彼らは苦しみの中で主《しゅ》にむかって叫んだ
主は彼らをその苦難から救い出した
主は彼らを闇と死の影から導き出し、
彼らの枷を打ち壊した
……
主は自らの言葉を遣わして彼らを癒し、
彼らを破滅から救い出した

（詩一〇六・一三―一四、二〇）

みずからの〈子〉イエス・キリストをとおして自身を明らかにする一なる神が存在するということを〔その預言者たちは、神に服従しない者たちに確信させた〕。そして、その〈子〉は沈黙から発出した神の言葉（ロゴス）であり、あらゆる点で〈子〉を遣わした方の意にかなっていた。

（イグナティオス「マグネシアの信者への手紙」八・二）

1　神から遣わされた救世主としての「神の言葉《ロゴス》」

キーワードは「ロゴス」

新約聖書には、イエス・キリストの誕生から十字架の死、そして復活に至るまでのさまざまなエピソードが描かれた四つの福音書が収められています。マタイ、マルコ、ルカ、ヨハネという四人の福音書記者が、それまでに流布していた口承資料を各自の観点から編纂したものですが、そのうちマタイ、マルコ、ルカの三福音書は、全体の構成も取り上げられるエピソードも共通する部分が多く、三書まとめてその異同を読み比べることもできるので、「共観福音書」と呼ばれています。対して、「ヨハネ福音書」は書かれた時期がもっとも遅く（紀元後九〇頃）、他の三福音書と比べても個性が際立っています。とりわけそのプロローグは、誰もが一度は耳にしたことがある「初めに言葉があった」という文章から始まる極めて思索的なものです。ただし、巷間流布しているのは、もしかするとこの始めの一文だけではないでしょうか。試しに続きを読んでみると、たちまち謎めいてきます。

初めに言葉があった。言葉は神とともにあった。言葉は神であった。（ヨハ一・一―二）

言葉が神である、とは一体どういうことなのでしょうか。これが本書の掲げる第一の問いにつながっていきます。

ここで「言葉」と訳されている原語は、ギリシア語の「ロゴス」です。新約聖書はもともと当時の（つまり古代）ギリシア語で書かれていました。正確に言えば、それはプラトンやアリストテレスの哲学書やイソクラテスの修辞学書、さらにはギリシア悲劇が書かれていた古典期のギリシア語とは区別され、「コイネー」（「共通の」という意味）と呼ばれるギリシア語です。コイネー・ギリシア語とは、一言でいえば、古代末期に地中海世界の東半分で用いられていた、当時のいわば「公用語」「共用語」ともいうべきものです。ただし、古典期ギリシア語とコイネー・ギリシア語の違いは、古代ギリシア語と現代ギリシア語の違いと較べればずっと小さなもので、ほとんど差異はないといってよいでしょう。また、もとはヘブライ語で書かれていたユダヤ教の教典（キリスト教の側からは「旧約聖書」と呼ばれているもの）も、紀元前の末頃までにはギリシア語に翻訳されていました。ですから、本書の中でもっとも重要ないくつかのキーワードは、理解を深めるために、訳語の他に原語であるギリシア語のカナ表記も併用していきたいと思います。とりわけ、「ロゴス」という語はいくつもの意味があって、文脈が異なるにしたがって意味が変わってきます。そうなると、当然、訳語も変わるので、異なる訳語に「ロゴス」とルビを振ることで、訳文だけでは読み取れないような原典固有の意味の連関性もなんとか示せるのではないかと思います。

「ロゴス」はキリスト教でもキーワードですが、ギリシア哲学においても最重要語です。「ロゴス」には、「言葉」の他に、「比率」「割合」「理法」「理性」といった意味があります。たとえば、天体を考えていただければ、天上の星々はそれぞれの軌道を一定の周期、つまり一定の「比率《ロゴス》」で恒常的に回転しています。そうした天体の法則的な運動をつかさどる宇宙の「理法」（法則性）がロゴスであり、そうした自然世界の法則性を把握する人間の能力である「理性」もまたロゴスだというわけです。こうした「理法」や「理性」という意味は、聖書の中には出てきませんが、聖書を解釈する教父たちの著作の中には頻繁に登場します。本書でも、第一の問いを解明していく中でこうしたロゴスの諸義が大活躍しますので、忘れずに覚えておいてください。

「ヨハネ福音書」については、これからも折にふれ見ていきますので、ここではまず「ルカ福音書」の冒頭部分を見てみましょう。

われわれの間で成就した事柄にかんする話を、初めから目撃した者たちや御言葉に仕えた者たちがわれわれに伝えたとおりに纏《まと》め上げようと、多くの者たちが着手していたので、私も当初からすべての事の次第を精確に追ってきた者として、テオフィロス閣下、それをあなたに順序よく書いてさし上げるのがよいと思われた。

（ルカ一・一―三）

神によってこの世に遣わされたイエスの使命が一体どのように実現されていったのか。その全貌を〈よき《エウ》・知らせ《アンゲリオン》〉すなわち「福音*」（エヴァンゲリオン）として人々に宣べ伝えるというルカの福音書執筆の動機が、最初に語られているのがこの箇所です。なお、献呈される相手の「テオフィロス」とは、ギリシア人の名前としてはよくあるもので、「神の友」という意味ですので、もしかすると、固有名詞を装って実は福音が伝えられるべき読者一般を暗に示そうという趣向かもしれません。

＊「福音」はギリシア語で「エウアンゲリオン」だが、むしろラテン語経由の「エヴァンゲリオン」のほうが耳に馴染んでいるかもしれない。英語では「ゴスペル」とも呼ばれるが、これも語源は good〔よき〕＋ spel〔知らせ〕から来ている。

ここで注目してほしいのは、傍点を付した「御言葉《みことば》」という部分です。原文では、「ロゴス」という語に定冠詞が付いています。英語などと違ってギリシア語では冠詞が一種類しかありません。つまり、冠詞なしで「ロゴス」と言う場合は、なんであれ「言葉」とか「理法」一般を指しますが、冠詞が付くと「あのロゴス」というように特定のロゴスとして何か具体的なものが想定されています。ここでは、「御言葉」という敬称が訳語として用いられていることからも推測できるように、この語はイエス・キリストを指しています。したがって、「御言葉に仕えた者たち」とは、いわゆる「使徒たち*」のことだとわかります。この冠詞付きの「ロゴス」がイエス・キリストを指すという用法は、先に挙げた「ヨハネ福音書」の冒頭箇所と同じ用法です。

＊　ただし、聖書協会共同訳（二〇一八）では従来通りヨハネでは「言《ことば》」、ルカでは「御言葉」と訳し分けられている。しかし、原文では冠詞付きの「ホ・ロゴス」という同一の語であり、直訳すればどちらも「あの言葉」という程度の意味に過ぎない。

ちなみに、冠詞付きの「ロゴス」がイエス本人ではなく、救世主イエスの来臨を告げる「あの言葉」つまり「福音」を意味する場合もあります。実際、「マルコ福音書」ではその用法が何度も出てきます。たとえば、イエスによって病を癒された男について、「しかし、その男は出て行き、その出来事をおおいに宣べ伝え、言葉〔福音〕を広め始めた」（マコ一・四五）とあります。この傍点を付した語も原語は冠詞付きの「ロゴス」ですが、ここでは文脈からもわかるようにイエス本人ではなく、イエスに関する「あの言葉」つまり「福音」という意味で用いられています。同様に、種を蒔く人の喩えが語られる四章で「蒔く人は言葉を蒔くのだ」（マコ四・一四）と言われる時も、冠詞付きの「ロゴス」が「福音」を指していると解釈できます。

いずれにせよ、私たちが解き明かしていかねばならない第一番目の「なぜイエス・キリストは《御言葉》と呼ばれるのか？」という問いでキーワードとなっているのが、ギリシア語で「言葉」を意味する「ロゴス」という語であるということ、そして、その語に冠詞を付けてイエスを指す用法が新約聖書の福音書の中に確かに見出されるということがおわかりいただけたと思います。

ユダヤ教成立からメシア（救世主）待望に至るまで

では、福音書から目を転じて、今度は本章の冒頭にエピグラフとして掲げられた、旧約聖書の「詩篇」の一節をご覧ください。

彼らは苦しみの中で主にむかって叫んだ
主は彼らをその苦難から救い出した
……
主は自らの言葉を遣わして彼らを癒し、
彼らを破滅から救い出した
（詩一〇六・一三、二〇）

ここには、ユダヤの民が艱難辛苦の淵から救世主を叫び求め、神がその悲痛な声に応えるべく救世主を遣わし、彼らを破滅から救い出したという、ユダヤ教におけるメシア思想が簡潔にかつ力強く記されています。「メシア」とは、「油を注がれた者」を意味するヘブライ語「マーシーアッハ」をギリシア語に音だけ写したもので、本来、「王」（サム下二・四）、「祭司」（ゼカ四・一四）、「預言者」（イザ六一・一）を指す意味から転じて「救世主」を表すようになった語です。単に音写するだけでなく、ギリシア語で「油を注がれた者」という意味まで表そうとすると、「油を注ぐ」という動詞「クリオー」に由来する「クリストス」、つまり「キリスト」という語になります。要するに、「キリスト」とは、「メシア」、救い主のことにほかなりません。

ここで注意していただきたいのは、ナザレから出た青年イエスが活動したのは、あくまでユダヤ教社会の内部でのことであり、彼の起こした運動もイエス派のユダヤ教改革運動とでもいうべきものだったということです。つまり、ユダヤ教改革運動のリーダーとしてナザレのイエスが颯爽と登場した背景には、ユダヤ教徒たちの熱烈なメシア待望の気運が確かにありました。もちろん、中にはメシアを僭称し暴動を引き起こすだけの者もいましたが（使二一・三八）、そうした状況の中であるからこそ、「イエス・キリスト」という名は、まさに「イエスこそ我が救い主」という信仰告白となりえたわけです。それと同時に、歴史上に実在したナザレのイエスと民衆の待ち望んだメシア像の間には大きな乖離があったということも忘れてはなりません。福音書で描かれた信仰の対象としての神の子イエス・キリストを、そのまま等身大の史的イエスと同一視するわけにはいかないということです。キリスト教の「生い立ち」を探るという本書の企てにとって、この点はしっかり押さえておきたいポイントです。

そのためにも、ユダヤ教の脈絡については、キリスト教がそこから生まれてきた源泉として、最低限のことは話しておかなければなりません。そもそもユダヤ教自身の生い立ちということになると、アブラハムの孫にあたるヤコブが、神と格闘（レスリングのような取っ組み合い）をして勝ったことで「イスラエル」という呼び名を与えられたとされる神話的伝承（創三二・二九）にまで遡らねばなりません。その後、ヤコブの十二人の息子を祖先とするイスラエル十二部族は、移住先であるエジプトでの奴隷としての境遇から脱して（いわゆる「出エジプト」）、メソポタミアとエジプトという二つの大国に挟まれたカナンの地に古代イスラエルの部族連合を形成し、ついにはダビデによって一つの王国へと統一されます。それがだいたい紀元前一一世紀から前一〇世紀頃です。

しかし、息子ソロモンへと引き継がれた統一王国は、やがて南北の王国に分裂し（前九二〇頃）、前七二二年に北メソポタミアから興ったアッシリア帝国によって北王国は滅ぼされ、さらに前五八七／六年には新バビロニア帝国によってユダ族を中心とする南王国も滅ぼされてしまいます。この時、古代イスラエルの信仰の中核であったエルサレム神殿は破壊され、その後ほぼ五〇年間にわたる「バビロン捕囚」にユダの民は耐えねばなりませんでした。次々に勃興する近隣の大国に古代イスラエルは根こそぎ蹂躙され、祖国存亡の危機に直面します。しかし、やがてアケメネス朝ペルシアがメソポタミアからエジプトまでを征服し強大な帝国を築き上げていったことによって、バビロニアは倒され捕囚も終わりを迎えます。その結果、アケメネス朝の寛容な方針にも助けられ、ユダの民にエルサレム帰還が許され、そこでの神殿再建（前五一五年、第二神殿建立）と属州ユダの自治が認められることになりました。

このようにしてエルサレムでの神殿祭儀を中心とする古代イスラエルの唯一神信仰は、祖国と神殿を失い幾多の民族的苦難を乗り越えていくことによって、ユダの民の信奉する「ユダヤ教」へと変容していきます。つまり、古代イスラエル人の土着の民族信仰から、後にユダヤ人と呼ばれるユダの民によって「ユダヤ教」が独立・成立していったというわけです＊。同時に、バビロン捕囚以降、パレスチナ以外の地中海沿岸の諸都市にユダヤ人が離散しユダヤ人社会が形成されていく、いわゆる「ディアスポラ」が始まります。

＊　エルサレム神殿の城壁を再建する際、ユダの民は自らの罪を悔い改め、「神の僕《しもべ》モーセによって授けられた神の律法に従って歩み、わたしたちの主、主の戒めと法と掟をすべて守り、実行すること」を誓い、神との契約を結んだと伝えられる（ネヘ一〇・三〇）。この契約をもって、古代イスラエルの民族信仰から独立したかたちでの「ユダヤ教」が成立したということもできるだろう。

その後、マケドニアのアレクサンドロス大王が東方遠征を開始して間もない前三三二年頃にパレスチナは征服され、それまでエジプトとメソポタミアの二大文明の影響下にあったユダヤ人社会は、いよいよギリシア文化（ヘレニズム）と遭遇することになります。アレクサンドロスは、ギリシアからエジプト、さらには中東からインダス川流域にまでおよぶ大帝国を築き上げますが、前三二三年に遠征先で病に倒れてしまいます。その結果、パレスチナは再びエジプトの支配下に置かれ、ついで前一九八年頃にはシリアのセレウコス朝に屈することとなります。およそその二十数年後にシリア王に即位したアンティオコス四世は、ユダヤ人を反シリア的勢力とみなして厳しく弾圧していきます。彼は自ら「神の顕現」（エピファネース）と称してユダヤ人にとって異教であるゼウス神崇拝を彼らに強要し、割礼を禁じるなど、いちじるしく反ユダヤ教的なヘレニズム化政策を推し進めます。

ついには異教の神々に犠牲をささげるよう強制されるに及んで、契約と律法を重んじる篤信なユダヤ教徒によるシリアからの独立戦争（マカバイ戦争）*が前一六八年頃に勃発しますが、そのおよそ三〇年後に独立を取り戻し、マカバイの一族であるハスモン家から出た大祭司が代々ユダヤの玉座に就くこととなります。しかし、ユダヤ的伝統からすると、もともと下級祭司であったマカバイの系統であり決して正統とはいえないハスモン家が、大祭司権と王権を独占することを不満に思う者も少なくはありませんでした。そうした事情から、彼らに対抗して、ユダヤ教の正統性に訴える立場としてファリサイ派、サドカイ派、エッセネ派といった思想集団がこの時期に形成されていきます。その後、前六三年にローマのポンペイウスがパレスチナを征服しエルサレムが占領されると、ユダヤは再び独立を失い、ローマの傀儡にすぎないヘロデがユダヤ王と任命されるも、紀元後六年にユダヤはついにローマの属国となります。

＊　この反乱を率いたマカバイと呼ばれるユダ（ギリシア語発音では「イゥダース・マッカバイオス」）の名に由来する。この乱に至るまでの経緯とその後を記した「第一マカバイ記」「第二マカバイ記」が、旧約聖書の第二正典（外典）に収められている。

しかし、小康状態も長くは続かず、六六年に度重なるギリシア人住民との宗教的対立から、ローマ帝国と全面対決するに至り（第一次ユダヤ戦争）、七〇年にまたもやエルサレム神殿が破壊されます。その後、バル・コフバの反乱を経て第二次ユダヤ戦争に突入し、一三五年、ローマ帝国の前に完膚なきまでの敗戦を喫し、ユダヤ人はついにエルサレムから完全に追放されることとなります（一九四八年に主権国家イスラエルが建国されるまで）。

このように激流に翻弄される木の葉のように列強の覇権争いに巻き込まれ続けたユダヤ国ですが、異教文化の圧力を受けることによって、ユダヤ人としての自覚が熟成され、真正なユダヤ教（イゥダイスモス）のあり方を問う宗教的意識がますます強固なものとなっていったことはまちがいありません。その一方でユダヤの民衆は、絶望的な状況からの脱却を夢見て、メシア（救世主）の到来をひたすら待ち望んだことでしょう。そのような切迫した状況のなかに現れ出たのが、ナザレのイエスだったというわけです。

ギリシア語訳旧約聖書、いわゆる『七十人訳聖書』の成立

さて、今見てきたようなユダヤ教成立の過程で大きな役割を果たしたのが、神と直接向き合い、神から託された言葉を人々に伝える預言者たちです。それまで力をふるっていた王や大祭司の権威は、その当の王国が滅ぼされ神殿が破壊されることによって失墜し、かわって預言者の存在がひときわ大きなものとなっていきました。実際、北王国の滅亡以後、預言者の言葉はまとめら

れ文書化されていきます*。ユダヤ教の聖典であるヘブライ語聖書（いわゆる旧約聖書）の成立も、こうした民族の歴史と並行していたわけで、その成立過程は一〇〇〇年以上にも及びます。言い換えれば、古代イスラエルの成立と滅亡、さらにそこから神への立ち返りの歴史が、唯一の神から与えられた預言にそくして伝承され、文書化されたものが旧約聖書だといえるでしょう。その内容は、紀元前一三〇年頃には、「律法の書と預言者の書およびその後に書かれた他の書物」（「シラ書」序言一）というようにざっくりと三区分され、紀元後二世紀までにはユダヤ教の正典として成立したものとみなされます。

＊　たとえば「アモス書」では、預言者として召し出された牧者アモスによるイスラエルの数々の罪の告発と北王国を滅ぼしたアッシリア帝国への捕囚の預言が記されている。祖国存亡の危機体験は、人々に預言者の言葉をリアルなものとして信奉させるに十分なものであった。

このヘブライ語聖書を当時の地中海世界の公用語といってもよいギリシア語へと翻訳したものが『七十人訳聖書』（セプトゥアギンタ）です。言い伝えでは、前三世紀にアレクサンドレイア図書館初代館長デメトリオスの進言によって、エジプト王プトレマイオス二世がイスラエルの十二部族から六名ずつ、モーセ五書のヘブライ語原典とギリシア語に精通した長老格の学者計七二人にこの聖典翻訳という大事業を命じたとされます（その後何らかの数合わせによって長老の数が七十人に改変され、「七十人訳」と呼ばれるようになったと思われます）。実際は、おそらくギリシア語を母語とするヘブライ語を解さない離散《ディアスポラ》ユダヤ人や、ユダヤ教への改宗者が増えたことへの対応として、そのようなユダヤ経典翻訳の必要性が生じたものと考えられます（信仰の要である教典に書かれている言葉が「読めない」「意味がわからない」というのでは、困ってしまいます）。いずれにせよ、前三世紀から後一世紀までの長期にわたり継続されたユダヤ教聖典をまるごと全訳するということの前例のない大事業は、後世に計り知れない影響をもたらしました。

旧約聖書はどのように伝承されたか

七十人訳聖書成立の大前提として、近代的な印刷技術、それどころか良質の紙や筆記具もない古代・中世にあって、書物を著し、それを正確に伝達し保存していくことには大きな困難があったということを念頭に置いてください。基本的にその頃の書物の伝達法は、記憶に基づく口承か、人の手による写本に依拠していました。しかも当時の書物の劣悪な保存状況を鑑みれば、原本がそのまま数百年の時を隔てて保存されることなどあり得なかったでしょう。その上、写本にはいわゆる伝言ゲーム的な人為的ミスが不可避な上に、そのような写本でさえ古いものはどんどん散失していきました。ヘブライ語聖書についても事情は同じで、二〇世紀後半に発見されたヘブライ語聖書の断片群いわゆる「死海文書」を除けば、残存するヘブライ語聖書の写本のうち、もっとも古いものでさえ一〇ないし一一世紀のものにまでしか遡れません。しかも、それらの写本が依拠していたのは、六―一〇世紀頃にユダヤ教学者が正確な読み方を確定したもので、今日「マソラ本」と呼ばれるいわば改訂版でした。つまり、現存している最古のヘブライ語聖書写本が依拠していたマソラ本と、七十人訳が依拠していたヘブライ語聖書の原本と言えるものとの間には、およそ千年もの時の隔たりがあったわけです。もちろん、七十人訳聖書といえども事情は同じで、四—五世紀に作成されたバチカン、シナイ、アレクサンドレイアの三大写本が現存する最古ののですが、七十人訳聖書の原本と言えるものからは、やはり遠く隔たっています。

さらに聖書翻訳をめぐる話をより一層複雑にするのが、ラテン教父ヒエロニュムス（三四七—四二〇）による新約聖書のラテン語版の改訂およびヘブライ語旧約聖書原典からのラテン語翻訳という偉業です（これ以降、このラテン語版が一般化して「ウルガタ聖書」〔「共通の聖書」という意味〕と呼ばれるようになり、一六世紀にはカトリック教会公認の聖書となります）。

以上のヘブライ語聖書の翻訳・伝承の流れをまとめると、おおよそ次のようになります。

⓪ヘブライ語聖書（原本）
①七十人訳聖書（⓪のギリシア語訳）……前三世紀—後一世紀
②ヒエロニュムスによるウルガタ聖書（⓪のラテン語訳）……四世紀
③マソラ版ヘブライ語聖書（⓪からの改訂版）……六—一〇世紀

したがって、現在、我々が旧約聖書と呼ぶものの原典は③ということになります。すべての伝承の起源であったヘブライ語聖書⓪がどのようなものであったかを、直接、精確に検証する手立ては、残念ながらもはや我々には残されていないのです。

そもそもイエス自身が、自分が来たのは旧約における律法や預言を完成するためだ〔マタ五・一七〕と明言しているように、イエスの言行を旧約におけるメシア（救世主）到来の預言の実現として描き出す福音書をはじめ、新約聖書の各文書にとって、旧約聖書は前提となる欠かすことのできない書物でした。そうである以上、旧約をギリシア語で引用できることは、ギリシア語で書かれた新約聖書の成立にとっても大きな意味をもちます。言い換えれば、七十人訳聖書を介して、キリスト教は既に根底からギリシア化の波に巻き込まれていたわけです。このことは、アレクサンドロス大王の東征に伴うギリシア文芸思想の地中海世界への伝播が、アレクサンドレイアをはじめ各地へ離散したユダヤ人知識人によるギリシア文化との活発な交流をもたらし、やがてキリスト教の成立へと結実していく一つの現れとも言えるでしょう。

「知恵」から「ロゴス」へ

こうした七十人訳聖書と並行するかたちで、旧約第二正典に属する「知恵の書」が紀元前一世紀にアレクサンドレイアのユダヤ人によって、最初からギリシア語で書かれました。そこで説かれた「知恵」とは、次のようにみなされます。

神の力の息吹であり、全能者の栄光の純粋な発出〔である〕（知七・二五）

永遠の光の輝きであり、神の働きを映す曇りのない鏡であり、神の善性の像である。（知七・二六）

ここで「神の像（エイコーン）」とは、七十人訳「創世記」の「神は言った。われわれは自分たちの像（エイコーン）と（それとの）類似にしたがって人間を造ろう、と」（一・二六）という言葉に基づき、人間が神に似ることができるように神と人間の中間に置かれた範型・原型のことを指していると解釈できます。こうした神の像としての「知恵」が、フィロンのロゴス概念に繋がり、さらにアレクサンドレイアのオリゲネスにおいて、キリスト教における神の子イエスの実在へと繋がっていくわけです。いずれにせよ、ギリシア化したユダヤ教徒の間で当時高まりつつあったこのような動向を主導する模範的位置にあったのがアレクサンドレイアのフィロンでした。

ユダヤ教徒フィロンのプラトン解釈と「神のロゴス」説

(1) プラトン『ティマイオス』の宇宙創造説

ユダヤ教徒フィロン（前二五頃—後五〇頃）は、エジプトのアレクサンドレイアの名家に生まれ、ギリシア語を母語とする離散《ディアスポラ》ユダヤ教徒として七十人訳聖書で「律法《トーラー》」の書（モーセ五書）を学び、プラトン哲学にも精通していた広い見地から、モーセ五書の寓意的解釈に大きく貢献した聖書注解者です。彼は、ユダヤ教の聖典（ヘブライ語聖書／旧約聖書）所収の「創世記」に説かれている神による世界創造の話を、同じく宇宙の制作・創造について書かれたプラトンの対話篇『ティマイオス』の考え方を大胆に取り入れることによって注釈しようと試みました。それが、永遠不変なイデアを眺めながら宇宙を造り出していく創造者（デーミウールゴス）というプラトンの構想であり、さらにそこから発想を得たフィロンによる「創世記」解釈、すなわち世界創造の際に超越神と世界とを媒介するデーミウールゴスの位置に「神のロゴス」を置くという考え方です。

まず、フィロンを理解するために必要な範囲で、プラトン哲学が古代末期のユダヤ・キリスト教圏の思想家たちに与えた影響から見ていきたいと思います。言うまでもなく、プラトン（前四二八／七―前三四七）は、アリストテレス（前三八四―前三二二）と並ぶ古代ギリシア哲学の二大巨頭です。しかし、書簡を除く彼の作品のすべてが、「対話篇」と呼ばれる戯曲形式、つまり、ソクラテスをはじめとする登場人物たちが個性豊かに哲学的な問答を展開していく実況中継風の語り口で書かれているせいか、とっつきは読みやすくて面白いのですが、いざ著者であるプラトン自身の真意を読み取ろうとすると、たちまち解釈が分かれる厄介な作風です。ですから、現代の精緻な文献学的観点から見返せば、プラトン哲学の後世への影響史は、誤読の系譜とさえ言えそうです。プラトンの直系の弟子たち（彼の創設した学園の名をとって「アカデメイア派」と呼ばれる人たち、なかでも「中期プラトン主義者」）でさえ、そうした誤読の系譜に棹さしていたほどですから。

そんなプラトンの作品群の中でも、『ティマイオス』は古代末期から中世にかけてもっとも大きな影響力をもっていました。その理由は、この作品の「宇宙はどのようにして創造されたか」というテーマが、いやがおうでも旧約聖書の「創世記」と響き合い、創世記解釈の理論的な枠組みを提供してくれたからです。

とはいえ、『ティマイオス』自体はとても難解で、ここで深く立ち入ることなど到底できませんが、フィロンの解釈（改釈？）の基になったプラトンの考えがどのようなものであったか、その基本線だけはしっかり押さえておきたいと思います。それは、以下のようになります。

《前提一》　もし、「常に存在し、生成することのないもの」と「常に生成していて、存在することのないもの」が区別され、

《前提二》　前者（常に存在するもの）が知性の対象として思惟され、言論（ロゴス）によって厳密に把握されるのに対して、

後者（常に生成するもの）は感覚の対象として、言論によることなしに思い込みによって把握される、

とするならば、

《結論一》　宇宙すなわち自然世界は生成するものであり、

《結論二》　生成するものである限り、生成の原因を必要とするだろう。
もし以上のようであるならば、
《結論三》　われわれの宇宙は、その生成の原因である創造者が、常に存在し知性の対象であるものを模範（範型）として参照しながら、その似像《にぞう》として感覚によって捉えられるものとして制作したものであるだろう。

前提一と二は、プラトンから一世紀近く前に、最初に「存在」を哲学の主題にしたパルメニデスの基本思想を踏襲したものと言えます。私たちが見たり触れたりする諸事物は、実は無数の粒子の流動変化に過ぎない現象を「存在するもの」と思い込んでいるのであって、真に存在すると言えるものは、恒常不変で知性によってしか捉えられない「まさにそのもの自体であるもの」（たとえば、美しい人でも美しい花でもなく、まさに「美それ自体であるもの」）だけだと主張されます。こうした「常に存在する」「まさにそのもの自体である」「真に存在するもの」のことを、プラトンは（「見る」「知る」というギリシア語の動詞から派生し、まさにそのもの自体である「理想形」という意味で）「イデア」と呼んでいます。

次に、通常私たちは、自分たちが見たり触れたり、つまり感覚している諸事物の総体を自然世界とか宇宙と考えていますから、そうした宇宙は当然、「生成するもの」とみなされます（結論一）。宇宙が生成するものであるとすれば、何かが現にあるような宇宙になる、つまり何かを現にあるような宇宙として作り出す原因が必要となります（結論二）。プラトンはそうした原因を、宇宙を制作・創造する（「職人」「作り手」という意味で「デーミウールゴス」と呼ばれる）神的存在とみなし、その創造神が永遠不変のイデアを模範として参照することによって、この生成する自然世界を作った（結論三）、と結論づけます。

では、こうしたプラトンの主張をフィロンは一体どのように解釈したのでしょうか。

(2) フィロンのプラトン解釈と「神のロゴス」説

ユダヤの創世神話は、彼らの信奉する唯一神がこの世界、この宇宙のすべてを創造した、つまり万物の根拠なのだと伝えています。しかし、ここには重大な哲学的問題が潜んでいます。そもそも一なる超越神が、いかにして無数の要素を含んだ多なる世界の創造の内在的根拠となり得たのでしょうか。この問題を、わかりやすく家を建てる例に喩えてみましょう。建築家が自分の頭の中でいくら理想の家のイメージを思い描いても、それだけではもちろん家は建ちません。建築現場に行って、そこで実際に木材や石材を組み上げていって初めて家は完成するのですから。

だとすれば、神が世界を創造する場合も、神はただ単に自分の頭の中で世界をイメージするだけでなく、世界創造の現場つまり物質的な領域に自ら降り立ち、そこで実際に働かねばならないのでしょうか。しかし、もしそうだとすれば、その時神は、もはや世界から超越した存在とは言えないのではないでしょうか。世界を超越した根拠である唯一神は、一体いかにして世界の内で働くことができるのでしょうか。

このディレンマに取り組み、「神のロゴス」説を立てることでその難題を解決しようとしたのがフィロンです。ここで「ロゴス」の意味を「言葉」と特定しない理由は、以下で説明するように、フィロンの場合、**ストア派**の「理法」としての「ロゴス」の意味もそこに組み込まれているからです。いずれにせよ、フィロン思想において「神のロゴス」は非常に重要な概念であり、彼の思想をもっともよく特徴づける神学的概念と言ってもよいでしょう。彼のロゴス説は、プラトン哲学、とりわけ『ティマイオス』から強く影響を受けたものであるにもかかわらず、それ自体としては、同対話篇の内に見出すことのできないユダヤ教的文脈で語られた彼固有の教説である点が際立った特徴です。

その教説によれば、ちょうど建築家が心の内に思い描いた理想の家が、外界にはその場をもたず、その建築家の心の中でだけイメージされているのと同じように、目に見えるこの現実世界のイデア的範型としての「叡知的世界《コスモス・ノエートス》」（理想的な世界のイメージ）もまた、「諸々のイデアを秩序づけた神のロゴス」（『世界の創造』二〇）においてのみその場をもつとみなされます。この場合、確かに「神のロゴス」は、『ティマイオス』における「範型」と同一視されはしますが、その意味するところはむしろ、世界創造の計画を案出するために統一・構造化された諸々のイデア全体を表している神の思考の働きそのものであり、しかも同時に、世界の創造過程において実際に働く神の「力」をも含意していると考えられます（このようなフィロンのイデア解釈自体が、既にプラトン自身のイデア理解とは根本的に異なるものとなっています）。

こうしたフィロンのプラトン解釈は、実はストア派の影響を色濃く受けたものとみなされています。ストア派によれば、たとえば、木の根や幹、葉や花や果実のすべてが一つの種子から生じるのと同じように、世界のすべての部分も、それら諸部分間の一定のロゴス〔比による関係〕である「種子的ロゴス」から生じると言われています*。

＊　世界を構成する要素、たとえば水の分子が、水素二に対して酸素一の比率で結合し、諸々の天体の周期が一定の比率で秩序づけられているように、世界は比《ロゴス》によって秩序づけられた構造と法則によって構成されている。そうした構造と法則を決定している各要素間の本質的関係のすべてを、現実に顕在化し実在する以前に、潜在的な形で（つまり「種子」の状態で）内包した原理が「種子的ロゴス」である。

言い換えれば、そうした種子的ロゴスからすべての個々のものが「宿命《ヘイマルメネー》」（必然的因果）に則して生じるとみなされているわけですが、そうした宇宙の生成において、神は秩序だった仕方で事を運んでいく「技術的な火」（技術のように制作的な力のある火）であるとも主張されます。つまり、プラトン『ティマイオス』における、（A）範型的イデアと（B）それを眺めながら宇宙を創造するデーミウールゴスの区別が、(a)種子的ロゴスと(b)その必然的展開としての神という形でストア派的に理解されることによって、フィロンは「神のロゴス」という概念を容易に獲得することができたと言えるでしょう。ただし、ストア派のロゴスが世界内在的に働く理法すなわち

プラトン『ティマイオス』
（A）範型的イデア
＋　（B）それに基づき宇宙を創造するデーミウールゴス

ストア派の宇宙論
（a）種子的ロゴス
＋　（b）その必然的展開としての神（技術的な火）

フィロンの世界創造論
（α）神に内在するロゴス（神の思考）
＋　（β）神から流出したロゴス（神の力）

図1　ギリシア哲学の宇宙論からフィロンの「神のロゴス」による世界創造論へ

法則性であったのに対して、フィロンの「神のロゴス」はプラトン的なデーミウールゴスとしての性格づけを決して失うことがありませんでした。その点はまた、「神の創造の助力者・補助者としてのロゴス」という意味で「客観的に実体化されたロゴス」、さらには、キリスト教においては御言葉《ロゴス》・キリストとして「人格神化されたロゴス」という観念の萌芽とみなすこともできます。

ここで「客観的に実体化されたロゴス」が何を意味しているのかは、具体的な例で説明したほうがわかりやすいでしょう。フィロンは「創世記」冒頭部の「神は言った、『光あれ』と」という記述から、創造の第一日目に神によって発せられた最初の言葉（ロゴス）に注目します。ちょうど泉から湧出する川のように、神から言葉（ロゴス）が流出するとき、フィロンはそこに二種のロゴスがあると言います。

> ロゴスのうち、一方は泉のようであり、他方はそこからの流れのようである。すなわち、思考におけるロゴス

は泉のようであり、他方、口や舌から発せられた言葉《ロゴス》は、そこからの流れのようである。

（『アブラハムの移住』七一）

このように、「泉からの流れ」というメタファー（喩《たと》え）を介して、「心の内にあるロゴス（理性的思考）」と「発話されたロゴス（言葉）」というロゴスの二つの位相、すなわち神に内在し、神の思考と一致した（あるいは思考そのものである）ロゴスと、神から離存・独立した（発話された）言葉としてのロゴス（その意味で「客観的に実体化されたロゴス」）が、そうした位相差を自らの内に抱え込みつつ、「ロゴスからロゴスへの発出・流出」という一つの連続した関係として捉えられているわけです。

しかし、フィロンにおいて神から流出するのは、なにもロゴスだけではありません。

神が真に一なる存在であるのに対して、神の最高にして第一の位に立つ力は二つある。それはすなわち善性と主権である。神は善性によって万物を生み出し、その生み出されたものを主権によって支配する。さらにこの両者の間にあってそれらを統合する第三のものがロゴスである。なぜなら、神はロゴスによって支配者であり、かつ善なるものだからである。

（『ケルビム』二七―八）

つまり、真の存在である神から世界を創造する力である「善性」と、創造された世界を支配する「主権」という二つの力が「ロゴス」によって統合され神から流出すると言われています。かくしてフィロンにおいて、悪と死を原因づける物質・身体性から成る物質世界と、そこから絶対的に離存・超越した善なる唯一神という対極的な二項関係は、「ロゴスからロゴスへの流出」というイメージによって、いわば非連続の連続、不同一の同一という形で相対化され一体化されることができたのです。しかしその反面、フィロンの説く「神のロゴス」は、善なる支配者という抽象的な理解にとどまり、メシア（救い主）としての性格づけはきわめて希薄であったと言わざるを得ません。

2　「二つのロゴス」説の系譜をたどる

使徒たちから使徒教父、護教家へ

新約聖書では、四つの福音書に続いて、「使徒言行録」が収められています。この書は、その冒頭でも明記されているように、「ルカ福音書」に続く第二巻にあたり、同じくルカの手になるものです。「使徒」とは、福音を宣べ伝えるために「遣わされた者《アポストロス》」という意味ですが、イエスが自ら選び出し、「使徒」と名付けた（ルカ六・一三）十二人の直弟子たち（あのレオナルド・ダ・ヴィンチの「最後の晩餐」で描かれている十二人）に限らず、復活したイエスに見《まみ》えることのできた不特定多数の人たちもまた使徒と呼ばれます（Ｉコリ一五・五―八）。ただし、「使徒言行録」で中心的に描かれているのは、イエスが十字架にかけられた紀元三〇年頃からパウロの没年（六〇頃）までの使徒ペトロとパウロの宣教活動です。

新約聖書に正典として収められている二七の文書の主だったものが、紀元五〇年代から二世紀半ば頃までに書かれたとした場合、その時期と一部重なりつつその後に書かれた文書群のことを「使徒教父文書」[*1]と呼びます。

「教父」（Fathers of the church）とは、キリスト教成立以降、使徒たちと共に迫害に耐え、宣教に生きた殉教者や護教家の時代から、ローマ帝国におけるキリスト教公認の後、相次ぐ神学論争を経て正統教義確立に至るまでの時期に、古代教会の指導者であった人たちを指します。[*2] したがって、「使徒教父」とは、おおよそ使徒たちの時代と護教家たちの時代の間、つまり紀元一世紀末から二世紀半ば頃に活動した教父たちということになります。ローマのクレメンスやアンティオケイアのイグナティオスがその代表で、彼らの書簡が使徒教父文書として伝えられています。

＊1　ただし、使徒教父文書の中には、たとえば九六年頃に書かれたローマのクレメンス『クレメンスの手紙――コリントのキリスト者へ（一）』のように、二世紀以降に書かれた新約聖書の諸文書よりも先に書かれたものもある。

＊2　キリスト教神学の観点から、厳密な意味で「教父」と言われる場合は、歴史的な古代性（一―二世紀頃の使徒教父やその後の護教家から、八世紀のダマスコスのヨアンネスあたりまでをおおよその時代範囲とする）、信仰・教説の正統性、その生涯の聖性、教会の公認、以上の四つが必須の条件となる。したがって、教会において長い間異端視されてきたオリゲネスのような人物の場合、正統性や教会の公認といった条件に反するため、教父とは呼べないことになる。しかし現在では、彼のように有力な教えをもたらした人物抜きにギリシア教父史を語ることができない以上、教父学において「教父」と言われる場合は、前述の正統性や教会公認の条件が緩和されたより広い意味での呼称とみなすのが一般的である。本書においても、そうした一般的な意味で「教父」という語は用いられる。

その後、使徒教父の時代を経て、日々強まる迫害に耐えキリスト教信仰の擁護・弁証に努めた初期教父たちを、特に「護教家」（あるいは「弁証家」）と呼びます。* 当時のキリスト教に対する世論の誹謗や誤解、ローマ帝国の迫害、さらには異教の知識人たちからの理論的攻撃に対して、彼らはキリスト教を擁護しその正統性を立証すべく、古代ギリシアの哲学的論証と修辞学的表現を駆使した「護教論」を展開しました。殉教者ユスティノス（一〇〇頃—一六五頃）やアレクサンドレイアのクレメンス（一五〇—二一五頃）がその典型ですが、この二人に限らず、初期教父たちは彼らを取り巻く状況からして自ずと護教的にならざるを得ませんでした。しかし、その後、議論の焦点が対外的な護教目的からキリスト教内部での教義論争へと移行していくにつれて、教父たちは護教家と呼ばれることはなくなり、単に「教父」と呼ばれるようになります。

* 「護教家（あるいは弁証家）」は英語で apologist と呼ばれるが、この語はギリシア語で「弁明」を意味する「アポロギア」が語源である。プラトンのよく知られた初期対話篇『ソクラテスの弁明』も原題は「アポロギア・ソークラトゥース」であることからわかるように、古代アテナイの法廷では被告が自己弁明する機会が与えられていたが、そうした法廷用語としての「アポロギア」が転じて、ユダヤ教徒や異教徒に対する初期教父によるキリスト教の正当性の弁明が、「護教論」（apologetics）と呼ばれるようになった。

使徒教父イグナティオスとホメロス注釈者ヘラクレイトス

さて、前節ではフィロンの「神のロゴス」解釈を見てきましたが、そこで提示された「心の内にあるロゴス（理性的思考）」と「発話されたロゴス（言葉）」という「二つのロゴス」説が、その後、使徒教父や護教家たちによってどのように継承されていったのか、また、そのようなロゴスの考え方が教父たちの神理解にどのような影響を与えていったのか、その点について少しだけ触れておきたいと思います。

まず、この「二つのロゴス」説をもっと日常的にわかりやすく言い換えてみましょう。たとえば、あなたが心の中で思っている何かあるアイデアを、目の前にいる誰か他人に伝えたいと思っているとしましょう。しかし、そのアイデアを声に出して言葉として発しない限り、相手にそのアイデアを伝えることはできません（もちろん、身振りや表情といった言葉以外の手段もありますが、話を単純化するため、ここではそうしたケースは除外しておきます）。あなたの心の中にあるアイデア、それが「心の内にあるロゴス（理性的思考）」であり、そのアイデアを相手に伝えるために言葉にしたものが「発話されたロゴス（言葉）」ということになります。

今示した人間同士のコミュニケーションの場合と同じように、絶対的に超越している唯一の神が一体何を考えているかは、神が沈黙している限り、われわれ人間の側からは決して知ることができません。だからこそ、神の言葉をわれわれに仲介するために預言者という存在が必要だったわけです。しかし、もし神の考えをそのまま神自身がわれわれに語りかけ、言葉で伝えてくれれば、もっとよく神の考えを理解できるのではないか、そう考えても不思議ではありません（少し先取りして言えば、預言者といういわば間接的な仲介者ではなく、神の考えを直接伝えるために神自身が送り出した言葉が、そのまま人格神化し御言葉《ロゴス》キリストとなっていくわけです）。こうした考え方を基礎づけているのが「二つのロゴス」説ということになります。

まず使徒教父では、二世紀初めに殉教したアンティオケイアの司教イグナティオスが次のような証言を残してくれています（20頁、本章冒頭に掲げたエピグラフの二つ目に引用）。

みずからの〈子〉イエス・キリストをとおして自身を明らかにする一なる神が存在するということを［その預言者たちは、神に服従しない者たちに確信させた］。そして、その〈子〉は沈黙から発出した神の言葉《ロゴス》であり、あらゆる点で〈子〉を遣わした方［神］の意にかなっていた。

（イグナティオス「マグネシアの信者への手紙」八・二）

一世紀末頃は、キリスト教の一般信徒のなかにも神を拒む者が多かったため、神霊に息吹かれた預言者たちは、その者たちに神の存在を確信させる必要がありました。そうした目的のために、イエスこそが神自らの発した言葉にほかならないという御言葉《ロゴス》キリストの考えが用いられた、とイグナティオスは伝えています。しかし、これが「二つのロゴス」説かと言われれば、そこまで明確な主張がなされているわけではありません。

とりわけ不明確なのは、〈子〉がそこから発出した「沈黙」をどのように解釈すればよいのかという点です。外に発出された神の言葉（ロゴス）が現実的なものであるのに対して、神の内にあって、まだ可能的な状態に留まっているロゴスをここでは沈黙と呼んでいる、そう推測することもたしかに不可能ではありません。しかし、イグナティオスのエフェソス教会あての手紙を読むと、別の解釈が有力だとわかります。

マリアの処女性と出産は、主の死と同様に、この現世の支配者〔つまり「悪魔」〕には気づかれることがなかった。これら三つは、声高く宣べ伝えられるべき秘儀ではあるが、〔気づかれなかったその時には〕神が沈黙するなかで成し遂げられたのである。

（イグナティオス「エフェソスの信者への手紙」一九・一）

つまり、問題となっている「沈黙」は、マリアの処女性と彼女の出産と十字架において成就されたキリストの死の三つについて、悪魔が知らぬままにいた時期における〈父〉の働きの秘密（秘儀）を示唆していて、少なくともその限りでは神の内なるロゴスとは無関係と言えるのではないか、というわけです。

いずれにせよ、こうした曖昧さを払拭するためには、はっきりと「二つのロゴス」説だと見分けるための目印のようなものがあると便利です。そのような目印となる定型表現をストア派から借用して後世に伝えてくれたのが、イグナティオスと同時代の修辞学者でありホメロスの寓意的注解で知られるヘラクレイトスです。彼は、何故ホメロスがヘルメス神に地獄と天国の二つの領域を帰属させたかを問い、その神が二重の働きをもつロゴスであったからだと注釈する際に、「二つのロゴス」をストア派由来の定型表現を用いて紹介しています（この人物は「万物流転」で有名なヘラクレイトスとは時代も異なるまったくの別人です）。

〔ストア派の〕哲学者たちはこれらロゴスのうちの一つを「内にある」〔endiathetos〕と呼び、他方を「発せられた」〔prophorikos〕と呼ぶ。後者は心の内の〔理性的〕思考（ロギスモイ）の使者であり、前者は胸のうちに保持されている。

（ヘラクレイトス『ホメロスの諸問題』七二・一五―一六）

こうした決まった表現があると、「二つのロゴス」説の有無を見分ける指標として役立てることができます。たとえ使われる語がこの定型とまったく同じでなくても、「内にあるロゴス」と「（外に）発せられたロゴス」という対比が意味されてさえいれば、十分に「二つのロゴス」説の目印となり得ます。なにはともあれ、こうした表現を手がかりにして、護教家たちが「二つのロゴス」説を唱えていたかどうかを調べていくことにしましょう。しかしその前に、ストア派の「二つのロゴス」理解について触れておきます。

ストア派の「二つのロゴス」理解

先ほど、「二つのロゴス」説の定型表現をストア派から借用した、と書きましたが、ここで念のために、ストア派自身は「二つのロゴス」をどのように理解していたか、その出典に遡って確かめておきたいと思います。

初期ストア派の文献資料を集めた標準的な資料集として、二〇世紀初めにフォン・アルニムが収集編纂した『初期ストア派断片集』全四巻は、その価値を今もって失ってはいませんが、実はその中で「二つのロゴス」の定型表現と明確にみなし得る事例は一つしかありません。それが以下となります。

> ストア派の哲学者たちはこう言っている。人間は発せられたロゴスによって非ロゴス的（非理性的）な動物と異なるのではなく（なぜなら、カラスも鸚鵡もカケスも明瞭な音声を発するから）、内にあるロゴスによって異なるのである。単に単純な表象によってではなく——動的で統合的な表象によって異なるのである。
>
> (von Arnim, *Stoicorum veterum Fragmenta* vol. 2. 135, p. 43)

ここで「内にあるロゴス」は人間の推理能力を表示していますが、「発せられたロゴス」の方は、なんであれ生き物によって生み出された音声が明瞭で識別可能である限り、その音声を表示しています。つまり、ストア派の事例では、「発せられたロゴス」と「内にあるロゴス」という語は、フィロンのように、同じ一つのロゴスの二つの位相を表しているわけではありません。「発せられたロゴス」が「内にあるロゴス」の表出であるどころか、ストア派の文脈では、動物によって「発せられた音声」（つまり動物の鳴き声）は、それが非ロゴス的な（理性をもたない）動物である限り、当然、「内にあるロゴス」（つまり理性的な推理能力）から表出することなどあり得ないからです。また、この二つのロゴスの区別は、ストア派にとってなんらの神学的価値も有していません。なぜなら、彼らにとって神とはあくまで自然に「内在するロゴス（理法、法則性）」を意味しているのであって、「発せられたロゴス」が彼らにとって神格化されることはあり得ないからです。

以上のことからわかるように、確かに「内にあるロゴス」と「発せられたロゴス」という概念や表現はストア派に由来しますが、フィロンや初期教父たちがその「二つのロゴス」によって主張しようとした内容とストア派の意味するところは明らかに異なっています。思想史にはよくあることですが、同じ用語であっても、その語が用いられる時代や文脈によって、その意味する内容はどんどん変わっていきます。この場合もその好例と言えるでしょう。

護教家たち（二）殉教者ユスティノスと二神論問題

それではまず、二世紀に重要な貢献をなした護教家であるユスティノスから見ていきます。ユスティノス（一〇〇頃─一六五頃）は、イグナティオスら使徒教父の時代を経て、日々強まる迫害に耐えキリスト教信仰の擁護・弁証に努めた護教家たちを代表する教父です。晩年の地ローマに自ら開設したキリスト教学校で哲学を講じていましたが、マルクス・アウレリウス帝治世下、殉教を余儀なくされたことで知られています。彼の著作のうち、二つの『弁明』は主にギリシア多神論者からの様々な論難に対するキリスト教の弁証であるのに対して、『ユダヤ人トリュフォンとの対話』（以下『対話』と略記）では、ヘレニズム化したユダヤ教徒であり七十人訳旧約聖書にも通じたトリュフォンという人物を相手に、ロゴス・キリスト論をめぐる対話体の議論が展開されます。

ここでユスティノスのロゴス・キリスト論とは、フィロンのロゴス論はもちろん、さらに「ヨハネ福音書」一章一四節に「ロゴスは肉となり、われわれ人間のうちに住まった」と説かれた、いわゆる「受肉のロゴス」説をも何らか継承し発展させたものとみなされます。それは、一方で超越的な唯一の創造神を認める点で明らかにユダヤ教を継承しながら、他方でロゴスを「（第二の）別の神」と主張することによって、多神論の嫌疑を招き、ユダヤ教徒からの徹底した論難を引き起こさずにはおきませんでした。したがって、『対話』においてそうした論難と真正面から向き合うことは、彼にとってキリスト教のアイデンティティ確立のためには避けて通れぬ試練だったと言えるでしょう。

たとえば、「創世記」一八章の冒頭、すなわち、

アブラハムが真昼に彼の天幕の入り口のところで座っていると、神がマンブレ（マムレ）の木の前で彼に現れた。彼が目を上げて見ると、見よ、三人の男たちが彼の前に立っていた。（創一八・一─二）

という箇所について、フィロンならば、その三人のうち真ん中に位置する男を、「万有の父」であり唯一なる神と解釈したはずです（『アブラハム』一二一）。ところが、その真ん中に位置する男を、ユスティノスはこともあろうに神の「御使《みつか》い」にして「別の〔第二の〕神《ヘテロス》」（『対話』五六・四）と解釈します。これは、世界創造の神が常に直接アブラハムやモーセに話しかけていたと考えたフィロンはじめユダヤ教徒たち（たとえば『第一弁明』六三・一）に対して、そこで話しかけていたのが「御使い」とも「使徒」とも呼ばれる「神の子」だったとみなす、ユスティノス独自の大胆きわまりない主張です。しかし、『第一弁明』において彼の言うように、「イエス・キリストが神の子であり」（六三・一〇）、「神のロゴス、神の初子であり、また神でもある」（六三・一五）

とするならば、しかもまた、世界創造主たる第一の神と、それとは「別の〔第二の〕神」が、いずれも真の意味で「神」と呼ばれるべきものであるとするならば、そこにはふたりの神が存することになり、もはや一なる神とは呼ばれ得ないのではないでしょうか。その限りで、ユスティノスにその点に関する説明責任が問われることは言うまでもありません。

このように、神のロゴスを神の思考や言葉と捉えていたユダヤ教徒フィロンの場合と異なり、神のロゴスを神とは別の実在性、別の神格をもつイエス・キリストと同一視したキリスト教父ユスティノスにとって、父なる神と子イエスが「二」神となるのか、それともあくまで一なる神なのか、という問いは喫緊の問題となっていったのです（そうした問いをめぐる議論は「キリスト論」(Christology）と呼ばれます）。

最初の手がかりとなるのは、いわゆる第一の神と第二の神が「数において異なる」という点です。まず両者は、「生むもの」と「生まれたもの」として「数において異なる」（つまり、異なる二つのものがある）と言われます（『対話』一二九・四）。ユスティノスによれば、「神は、すべての被造物に先立つ始源《アルケー》として自身から理性的な力を生んだ」（同六一・一）のであり、そのように「神から生まれた子」がソロモンによって「知恵」と呼ばれたと言われます（同六二・四）。さらに、そうした神の子はと言えば、先に見たように、アブラハムに顕現して語りかける第二の別の神として、他方また、人間創造の場面で「〔われわれは〕人を造ろう」（創一・二六）と「〔神が〕数において異なる理性をもった者に向かって話しかける」（『対話』六二・二―三）際に、まさに神から話しかけられる相手として、明らかに人格神化された実体的存在なのです。それはもはやフィロンの「ロゴス」のように抽象的・象徴的な存在ではありません。ユスティノスのロゴス論がフィロンのそれからもっとも異なるのは、まさにこうしたロゴスの人格神化の点にあると言えるでしょう。その極めつけとも言えるのが、ユスティノスにおける三位一体論の萌芽とも言える次のテクストです。

われわれのためにこうしたことの教師となり、この目的のために生まれたイエス・キリストは、ティベリオス帝の治世下、ユダヤ総督となったポンティオス・ピラトスの時代に十字架にかけられた。われわれは彼こそが真の神の子と知って、彼を第二の位に置き、預言的な霊を第三の位に置いた上で、彼らをロゴスに従って尊崇しているのである。

（ユスティノス『第一弁明』一三・三）

このようにユスティノスにとってロゴスとは、あくまで受肉したロゴスとして歴史上に定位し人格神化されたイエス・キリストであり、人びとから尊崇される第二位の神のことだったのです。しかし、そうであればなおのこと、神のロゴスを流出のメタファーで語ることのできたフィロンのように、神とキリストとの同一性を流出のメタファーで語ることは、ユスティノスにとっては極めて難しくなったと言わざるを得ません。しかし、そのような状況下でも敢えて独自の意味で「二つのロゴス」説を使うことで、この難局を打破しようとしたのが、以下の箇所です。

〔神が始源として生んだ理性的な力は、聖書において「主の栄光」「知恵」「御使い」「神」「主」「御言葉」など様々な名で呼ばれているが、〕そうした名で呼ばれるのは、それが父の意図と父の意志に仕えることから生じたからである。しかし、それと同じようなことが自分たちにも生じていることをわれわれは見ていないだろうか。というのは、われわれもまた言葉《ロゴス》を発するとき言葉を生むことになるが、それは、言葉が外へと発せられることによってわれわれの内にある言葉が減少し、その一部がなくなるということを言っているわけではないからである。新たな火が別の火から生じるのをわれわれは見るが、その場合も同様である。新たな灯火が別の灯火から燃え移って生じても、元の灯火が減少する〔火が小さくなる〕わけではなく、火種となった灯火はあくまで同じ状態に留まっている。元の灯火から火を燃え移されたものも明らかにもう一つの灯火であるが、〔新たな灯火の生成によって〕火種となった灯火を減少させたりはしないのである。

（ユスティノス『対話』六一・一―二）

ここでユスティノスが、神とキリストとの同一性を弁証し、ユダヤ教徒からの二神論（ditheism）との非難を論駁するために取った論法は、もはや泉からの流出というメタファーではなく、「火から火」という、一つの灯火から別の灯火に火を燃え移すという比喩を使用する論法へと更新されています。つまり、泉からの流出というメタファーを介して、「生むもの」と「生まれたもの」とを、泉から途切れることなく持続する流れとして一体化し、両者の同一性を弁証する論法から、灯火から灯火へと火が燃え移るという比喩によって、それぞれの灯火がたとえ実体として離存していても、火という「力」においてはまったく同一であることを弁証する論法へとユスティノスは大きく舵を切ったものと思われます。その際、燃え移る火とは何を指すかと言えば、先に見た箇所で示された「父の意図」「父の意志」を意味していると解釈されます。なぜなら、キリストは父なる神の意図し意志したこと以外は何一つ行なっておらず、その限りで神の力は、神の意志に完全に仕えるキリストの力として発現することができているからです。しかしその反面、二神論批判を論駁しようとするユスティノスのロゴス・キリスト論は、きわめて**従属説**的なものとならざるを得ませんでした。

以上のような考え方は、ユスティノスの弟子だと言われているシリア人護教家タティアノス(一二〇頃生)にも、ほぼそのまま受け継がれています。以下にタティアノスの文章を引用しますので、ユスティノスのものと読み比べてみてください。

　ただ神の意志だけによって言葉《ロゴス》は生じる。だが、言葉《ロゴス》は空しく流出したのではなく、〈父〉の「初子」〔最初に生まれたもの〕となった。われわれはその初子が宇宙の「始め〔始原〕」だと知っている。初子は切り離し〔apokomē〕によってではなく、分化〔増殖〕〔merismos〕によって生じた。というのは、〔第一のものの一部がその母体から切り離されると、〕その切り離されたものは、第一のものからすでに分離してしまって〔第一のものはその分だけ減少してしまって〕いるが、分化〔増殖〕したものは自身に固有の特徴を受け取り、それがそこから受け取られた第一のものを失うことがないからである。ちょうど一つの松明から多くの松明が点火されるが、第一の松明の光は多くの松明の点火によって減ずることがないように、〈父〉の力から発した言葉《ロゴス》もまた、それを生んだもの〔〈父〉〕からロゴスの力を奪いはしない。

（タティアノス『ギリシア人への講話』五）

いずれにせよ、ユスティノスとタティアノスのテクストからは、「二つのロゴス」説が明瞭に読み取れることがわかると思います。

護教家たち（二）「二つのロゴス」説の位置づけの変容

「二つのロゴス」説の主唱者テオフィロス

二世紀後半に活躍した護教家たちにとって、「二つのロゴス」説は自説の弁証にとって有力な手段となっていましたが、そのことを一層明確に、「二つのロゴス」の定型表現を用いて示していたのが、一六〇年代末にアンティオケイアの司教に任ぜられたテオフィロスでした。キリスト教徒ではない異教徒の友人アウトリュコスを相手にしたキリスト教擁護の書『アウトリュコスに宛てて』において、テオフィロスはこう言っています。

最初に彼ら〔預言者たち〕は皆一致してわれわれにこう教えた。すなわち、神は万物を存在しないもの〔すなわち無〕から造った。なぜなら、何も神と共にありはしなかったからである。しかし、自分自身の場があり、何も欠くことがなく、代々《よよ》の時代に先立って存在する神は、〔神〕みずからを認識する人間を造りたいと思った。それゆえ、神は人間のために宇宙を造った。というのも、造り出されたものである人間はすべてを欠くものであるが、造られたものでない神は何一つ必要としないからである。

そこで神は、自分自身の内部にみずからの「内なるロゴス」をもっていたので、万物の〔創造〕の前にそれを発出し、みずからの知恵と共に〈ロゴス〉を生んだ。神は、この〈ロゴス〉を被造物への仕え手にして、〈ロゴス〉によって万物を造ったのである。この〈ロゴス〉は始原と呼ばれる。なぜなら、それは自身が創造したすべてのものを支配し、その主であるからである。そこで、神の「霊」、「始原」、「知恵」、「最高の力」である〈ロゴス〉は、預言者たちに下り、彼らをとおして宇宙の創造に関することや他の一切を語った。というのも、宇宙が生成したときに預言者たちは存在しなかったが、神のうちにある神の知恵と、常に神と共にある神の聖なる〈ロゴス〉は存在したからである。

……神はみずからが望むかぎりのものすべてを造ろうとしたとき、すべての被造物が造られる前に生まれた初子（コロ一・一五）としてこの「発せられたロゴス」を生んだのである。

（テオフィロス『アウトリュコスに宛てて』Ⅱ・一〇、二二）

確かにここには、「内なるロゴス」と「発せられたロゴス」の対比という「二つのロゴス」の定型表現がそのまま用いられています。しかしその反面、二つのロゴスの対比がこれまで以上に明確になったことによって、〈神の内なる考え《ロゴス》は、他ならぬ神自身の言葉《ロゴス》として発せられる限りでその言葉と同一だ〉という論法の抱える危うさや脆さがより一層露わになったようにも思われます。

つまり、それはこういうことです。「発せられたロゴス」は発話された言葉なのですから、当然、声に出して語られる前には存在していなかったはずです。それに対して神の「内なるロゴス」は、「常に神と共にある」ロゴスです。だとすれば、一方の「内なるロゴス」は神と同じく永遠の存在であるのに対して、他方の「発せられたロゴス」は、発話前の存在しない段階から存在するものへといわば生成したのであり、その限りで神が無から創造した被造物に属するものとみなされかねません。もしそうであるとすれば、二つのロゴスはもはや同一ではなく、「発せられたロゴス」はその存在を「内なるロゴス」と同一視される神に依拠せざるを得ない従属的な被造物ということになってしまわないでしょうか。

「二つのロゴス」説の批判者エイレナイオス

二世紀に活動した教父たちの中で、こうした問題点にいちはやく気づき、「二つのロゴス」説を採用することなく、むしろそれを批判した最初の教父、それがリヨンの司祭エイレナイオス（一三〇／四〇―二〇〇頃）です。エイレナイオスは、小アジアのスミュルナで生まれ、後にガリアに移り住みリヨンの司祭となったと伝えられています。彼は自身が敵対するグノーシス主義者の一派である**ウァレンティノス派**を反駁するためにこの「二つのロゴス」説を援用しますが、そのことによってかえってその論法自体の不整合を浮き彫りにしています。

> したがって〈沈黙〉が存在するところには〈ロゴス〉〔言葉〕は存在しないし、同様に〈ロゴス〉〔言葉〕が存在するところには〈沈黙〉は存在しない。しかし、もし〈ロゴス〉が内在する〔すなわち、ロゴスが発話されず、したがって沈黙を破らない〕と彼らが言うならば、沈黙もまた内在する。だが、〔彼らの想定によれば〕沈黙は内在するロゴスと決して一つに結ばれはしない。実際はといえば、〈ロゴス〉は内在していないので、この一連の彼らの想定は〔ロゴスの内在ではなく〕発出を表示していることになる。
>
> （エイレナイオス『異端反駁』Ⅱ・一二・五）

ロゴス〔言葉〕の不在すなわち沈黙から、ロゴスの発出にいたるある種の生成を語る文脈と、

「内在するロゴス」と「発せられたロゴス」という持続する一つのロゴスの二つの段階・二つの位相を語る文脈とを重ね合わせることによって、「二つのロゴス」説が、護教家たちにとって有力な武器というよりはむしろ両刃の剣となりかねないことを、エイレナイオスはもうすでに気づいていたに違いありません。言い換えれば、「二つのロゴス」説が二つのロゴスの同一性を弁証する論法から、二つのロゴス、すなわち〈父〉なる神と〈子〉キリストを根本的に差異づける論法へと変異しかねないことをすでに察知していたからこそ、エイレナイオスは「二つのロゴス」説を護教目的では使用しなかったのだと思います。

実際、三世紀に入る頃には、「二つのロゴス」説を正面切って主張する論者を見つけることが難しくなってきます。当時、西方ラテン語圏で「二つのロゴス」説を唱えていたと思われる数少ない護教家の一人テルトゥリアヌス（一五五頃―二二〇頃）にあっても、たとえば『プラクセアス反駁』（五）において、確かにロゴスのラテン語訳 ratio を「内なるロゴス」とし、「言葉」を意味するラテン語 sermo を「発せられたロゴス」として両者を対比させてはいるものの、それ以上の立ち入った議論はなされていません。

また、一説ではエイレナイオスの弟子とも伝えられ、対立教皇（正統な教皇に対立するグループが立てた正統性を認められていない教皇）としてローマで活動したものの、ギリシア語で執筆し、おそらく東方出身であろうと推測されるローマのヒッポリュトス（一七〇頃―二三五）も、一見すると確かに「二つのロゴス」説を表明しているように見えます。しかし、「神は、はじめにロゴスを考えてから、それを音声の意味のロゴスではなく万物の内にあるロゴスとして生んだ」という彼の主張には、もはや「二つのロゴス」説の原型さえ見出すことが難しくなっています。

「二つのロゴス」説の位置づけの変容――四世紀のアレイオス

こうした事例を見るにつけ、三世紀に入って以降、明らかに「二つのロゴス」説に対する時代の潮目が変わったように思われます。そうした変化を最終的に決定づけたのは、「アレイオス論争」で知られたアレイオス（二五〇―三三六、ラテン語読み「アリウス」）です。

ところで、このような時代の流れを大掴みに俯瞰したい時、イエス・キリストの生誕以降にキリスト教世界で繰り広げられた歴史を、数多くの文献からの抜粋を織り交ぜながら通史的に叙述してくれる一連の「教会史」は、とても参考になります。カイサレイアのエウセビオス（二六〇頃―三四〇頃）による『教会史』全一〇巻を嚆矢として、それを書き継ぐ形でソクラテス・スコラスティコスが三〇五年のディオクレティアヌス帝退位から四三九年までの『教会史』全七巻、さらにソゾメノスが三二四年から四三九年まで、同じくテオドレトスが四二八年までの教会史をそれぞれ著しています。エウセビオスは彼自身が偉大な教父であり、教会史のみならず多くの重要著作を残していますが、ここではエウセビオスではなく、ソクラテス・スコラスティコスの『教会史』の方を見てみましょう。

聖書に背いて彼ら〔アレイオス派の者たち〕が見出し、主張している教説は、およそ以下のようなものである。神は常に〈父〉であったわけではなく、〈父〉ではない時があった。神の〈ロゴス〉は常に存在したわけではなく、存在しないもの〔すなわち無〕から生じた。というのは、まさに〔常に〕存在するものである神が、〔常に〕存在したわけではないもの〔つまり〈子〉〕を、存在しないもの〔つまり無〕から造り出したからである。それゆえ、〈子〉が存在しない時があった。実際、〈子〉は被造物であり、造られたものでしかない。〈子〉は、本質において〈父〉と似ているのでもなければ、本性的に〈父〉の真なるロゴスであるわけでも父の真なる知恵であるわけでもない。〈子〉は無数の造られたものや生じたものの一つに過ぎない。神は、自分自身のロゴスと自分自身の知恵によって、万物と〈子〉を造ったが、〈子〉はその神自身のロゴスと神自身の知恵によって生じたので、誤って、ロゴスとか知恵と呼ばれていい、呼ばれているに過ぎない。

〔ソクラテス・スコラスティコス『教会史』Ｉ・六〕

なぜ、ここで三世紀を飛び越して四世紀のアレイオスを見ておくかというと、そうすることによって、二世紀の護教家たちと四世紀初頭のアレイオス派の論者たちの間のちょうど過渡期に位置したアレクサンドレイアのクレメンスにとって、そもそものような時期に「二つのロゴス」を語ること自体がどれほど厄介で、いわば議論上の地雷と化していたか、ということをあらかじめ知っておいていただきたかったからです。

護教家たち（三）クレメンスは「二つのロゴス」説を唱えたのか？

（1）九世紀のフォティオスによるクレメンス文書の報告は正しいか？

キリスト教が地中海世界へと宣教し始めた時期には、ユダヤ教はもちろんのこと、古代ギリシアや古代エジプトの多神教など先行する諸宗教に対して、キリスト教はみずからのアイデンティティを明確に示さなければなりませんでした。そのような時代の要請に答えたのが、キリスト教の正統性を擁護・弁証した護教家たちです。したがって、彼ら護教家たちは、ユダヤ教徒たちに対しては父なる神とは異なる「子なる神」の実在性を擁護し、他方で、ギリシア人やエジプト人などの多神教教徒、つまり異教徒らに対しては「一なる神」を主張する必要があったわけです。このように、やむをえず二正面作戦をとらざるをえないという厄介な事情の中で、「二つのロゴス」説は、少なくとも二世紀末までは護教論にとって極めて有効な論法でした。

しかし、三世紀に入り、護教論がより精緻化されていく中で、父なる神と子イエスが「二」神となるのか、それともあくまで一なる神なのか、という「キリスト論」（Christology）がますます焦眉の問題と化していったことで、議論の焦点は、対外的な護教問題からキリスト教内部での教義論争へと移行していきました。そうした流れが四世紀初頭のアレイオス論争へと繋がっていくわけです。

「二つのロゴス」説の系譜が最終的にどのような結末に至るかは、アレイオス派の異端性を告発し彼らとの教義論争において先鋒に立ったアレクサンドレイアのアタナシオス（二九七／八―三七三）の信仰告白を読むと、即座に理解できます。

私たちは、一なる生まれざる神、全能の〈父〉、見えるものと見えないものすべてを創造したもの、自ら存在するものを信じる。

また私たちは、独り子である〈ロゴス〉、〈知恵〉、〈子〉、すなわち無始原かつ永遠に〈父〉から生まれるものを信じる。しかし、「発せられたロゴス」も「内にあるロゴス」も、完全なものからの流出も、不受動的な本性の部分もその放射も信じない。〈子〉はそれ自体で完全であり、〔みずから〕生きて活動するものであり、〈父〉の真の像であり、誉れと栄光において〈父〉と等しいものである。というのは、〈父〉を称えるように〈子〉も称えよというのが〈父〉の意志だからである。ヨハネが言うように、〈子〉は真の神からの真の神であり、私たちは「真なる方の内に、すなわち神の子イエス・キリストの内にある」（Ⅰヨハ五・二〇）。

（アタナシオス「信仰講解」一）

ここでアタナシオスは、「発せられたロゴス」と「内にあるロゴス」という定型表現を用いて、自分は他の異端説と同様、「二つのロゴス」説を「信じない」と明確に否定しています。二世紀の護教論的文脈では、護教家たちにとって御言葉《ロゴス》・キリスト論を支えた有力な武器であった「二つのロゴス」説が、三世紀後半から四世紀初頭にかけてのキリスト論的文脈では、むしろ論敵であるアレイオス異端派側の武器として、〈子〉キリストの従属性を言い立てる論法へと大きくその役割を変えていったわけです。

そのような転換期の狭間にあって、「二つのロゴス」説との関わり方が問われているのが、アレクサンドレイアのクレメンス（一五〇―二一五頃）です。第2章で詳しく紹介するオリゲネス（一八五頃―二五四頃）と共に、「アレクサンドレイア学派」と呼ばれる神学者たちを代表する教父でありながら、彼の伝記的情報については、エウセビオスの『教会史』による以外はあまり知られていません。生まれたのはギリシアのアテナイのようですが、その後、地中海世界を転々とし、最終的にエジプトの美しい港湾都市アレクサンドレイアにおいて師と仰ぐべきパンタイノス*と出会ったことで、その地に居を定めることになりました。その後、パンタイノスが当地で開いていたキリスト教の教理学校の後継者となり、また、おそらくは司祭職にも就いたものと思われます。

＊　シチリアに生まれ、ストア派哲学者からキリスト教徒に転じた後、インド遍歴を経て、アレクサンドレイアでキリスト教教理を教える私塾を開いた。

著作としては、彼の驚くほど該博なギリシア的教養がちりばめられ、哲学、詩作、悲・喜劇、史書といった古代ギリシア文芸の粋が随所に引用された主著『ストローマテイス』（ギリシア語で

「寄せ集め」「雑録集」の意味）のほかに、『教導者』や『ギリシア人への勧告』、さらには『救われる富者とは誰か』といった講話など、少なからぬ作品が残されています。しかし、残念ながら新旧約聖書の注釈書である『概要』は、その断片のみを残し、他はすべて失われてしまいました。

それから時をはるかに隔てた九世紀に、その『概要』の短いけれど重要な断片が、コンスタンティノポリス総主教フォティオスの手になる『図書総覧』に残されています。実は、その断片の内容が、ここまでその系譜をたどってきた「二つのロゴス」説に関するものであったことから、その後、クレメンスが果たして「二つのロゴス」説を唱えたのか否かという議論を引き起こすことになります。

まずは、フォティオスによるその問題の箇所を引用してみましょう。

アレクサンドレイアの司祭クレメンスのものとしては、それぞれ『概要』『ストローマテイス』『教導者』と題された三巻の書物がよく知られている。

まず『概要』は、旧約および新約聖書で述べられている事柄について取り扱っており、その要約的な説明ないし解釈とみなされる。そのある箇所では正しく語られているように思われるが、他の箇所ではまったく不敬虔なありもしない物語が提示されている。

……彼〔クレメンス〕は、天使たちが女性と交わり子を産ませただとか、ロゴス・キリストは実際に受肉したのではなくて、そのように思われているにすぎないなどという妄想に耽っている。彼はまた、〈父〉の二つのロゴスという驚くべきこと、すなわちそのうちの劣ったほうが人々に現れた、あるいはむしろ人々に現れたのは〈父〉のロゴスでさえなかった、そう語っているとみなされる。というのも、彼はこう語っているからだ。「〈子〉もまた、〈父〉のロゴスと同名異義的に《ホモニュモース》〈ロゴス〉と語られるが、それ〔〈子〉〕は肉となった〔受肉した〕ロゴスではない。それは〈父〉のロゴスではなく、まさに神の力である。神の力とは、いわば、知性になり、人間の心に行き渡った神のロゴスの流出《アポロイア》にほかならない」。

（フォティオス『図書総覧』一〇九）

この引用の後半の「 」内が、（当時はまだ散失を免れていた）クレメンスの『概要』からフォティオスが引用したとみなされる部分ですが、それをフォティオスは「〈父〉の二つのロゴス」という驚くべき（つまり異端的な）主張だと評しています。その引用箇所では、

① 〈父〉のロゴス
② 〈子〉すなわち名目的なロゴス
③ 人間の理性（ロゴス）

という「神のロゴスの流出」と呼ばれている〈神の力の変容の三段階〉が示されていると解すこ

とができます。

この内、第二段階（②）を、神の意志の働きによって非存在（無）から創造されたものとして、「同名異義的に《ホモニュモース》」つまり単に名目だけロゴスと呼ばれる（ソクラテス・スコラスティコス『教会史』では「誤ってロゴスと呼ばれている」）と解釈すれば、これはそのままアレイオスの主張と一致します。つまり、もしフォティオスの引用が真正なものであれば、クレメンスはアレイオスと同じ異端的な主張を「二つのロゴス」説を用いて説いていたことになります。* 逆に、クレメンスにかけられた異端の嫌疑を晴らすためには、この引用箇所がフォティオスの誤解に基づくクレメンス文書への補筆、ないし改竄《かいざん》であることを立証せねばなりません。

* フォティオスの報告は、「二つのロゴス」による〈父〉と〈子〉の区別という異端的主張ばかりでなく、〈子〉と受肉した御言葉イエスの区別という異端的主張もまたクレメンスに帰している。

一時はフォティオスの補筆ないし改竄とみなす解釈が一般的でしたが、その後、一八八四年にテオドール・ツァーンがフォティオスによるそのような補筆や改竄の存在を否定して以来、この問題は、散失を免れたクレメンスの他の著作群における彼自身の議論との整合性をめぐってなされるようになり、いまだ結論を見るには至っていません。[1]

（2）クレメンス自身の著作内に「二つのロゴス」説は見出され得るのか？

フォティオスの伝えるクレメンスの主張がいかに容易にアレイオスの主張と取り違えられるかは、アタナシオスが『アレイオス派駁論』において報告しているアレイオス自身の文言と比較すれば明らかです。

アレイオスはこう言っている。「……かつては神だけが存在しており、ロゴスと知恵はまだ存在していなかった。その後、われわれ人間を創造しようと欲して、神は〈一つの存在〉を造り、それを介してわれわれを造ることができるように、それを「ロゴス」と「知恵」、さらに〈子〉と名づけた」。実際、彼は二つの知恵が存すると言っている。一つは、〔神に〕固有なもので、神と共在している。他方、〈子〉はこの〔神の〕知恵によって生じたのであり、その知恵に与ることによって、単にその名だけが「知恵」、さらに「ロゴス」と名付けられた。なぜなら、彼が言うには、「その知恵は、かの知恵すなわち賢明なる神の意志によって実在するからである」。そのようにロゴスも〈子〉とは別のものであり、神の内に存するものだと言われる。〈子〉はかのもの〔ロゴス〕に与ることによって好んで「ロゴス」と名付けられ、「子」とさえ名付けられたのである。

（アタナシオス『アレイオス派駁論』I・五・四―六）

ここでは、「二つの知恵」と同様に、「二つのロゴス」が存在し、その一方は神に固有で神の「内に存するロゴス」であり、他方は、神の知恵によって「生じた」、名だけの「ロゴス」だと述べられています。先に見たソクラテス・スコラスティコスの『教会史』の報告と、ここでのアタナシオスの報告とを照らし合わせると、①〈子〉は無から創造された、②神自身の知恵とロゴスによって生じた〈子〉は、誤って名だけ「ロゴス」と呼ばれる、という二点が確かに共通しています。言い換えれば、アレイオスはこの①と②を主張するために、「二つのロゴス」説を利用したと言えます。

◆ここで、アレイオスの主張を読み取るために、なぜ、アレイオス本人の著作ではなく、他者の証言を引用するのか説明します。アレイオス自身は健筆多作だったと伝えられていますが、残念ながら現在、残存しているものは極めて少なく、断片的なものを除けば、本人が書いたものとしては書簡がいくつか残っているだけという状態です。その書簡の内容はと言えば、彼の教義理解を述べているというよりも、彼が置かれている状況や周囲の無理解に対する愚痴めいたものが多く、「二つのロゴス」説の有無を検証するには不適切なものです。ですから、アタナシオスやソクラテス・スコラスティコスといった信頼できる論者がアレイオスの言葉として報告してくれたものの中から、できる限りアレイオス本人の主張へと接近していくしか、さしあたり有効な方法がないというのが実情です。ですから、アタナシオスらの報告にもかかわらず、たとえば、G・C・ステッドのように、アレイオス自身に「二つのロゴス」説を帰すに足る十分な根拠はないと主張する高名な研究者もいるほどです。[2] いずれにせよ、私たちとしてはアタナシオスや教会史家の証言をある程度信頼して話を進めていくしかありません。

次に、フォティオスが伝えるクレメンスの場合はどうでしょうか。①の「無からの創造」についてはまったく触れられていませんが、②については、「〈子〉もまた、〈父〉のロゴスと同名異義的《ホモニューモース》に〈ロゴス〉と語られる」と言われており、完全にアレイオスと一致します。もし、クレメンスの主張がフォティオスの伝えた通りのものだとすれば、確かにクレメンスはアレイオス式の異端的な仕方で「二つのロゴス」説を語っていると言えるでしょう。しかし、本当にクレメンスは現在われわれが読むことのできる彼自身のテクストにおいても、そのように「二つのロゴス」説を唱えているのでしょうか（幸いなことに、クレメンスの場合は、アレイオスの場合と違って彼自身が書いたものがたくさん残っています）。

まず、主著である『ストローマテイス』から見ていきましょう。

『パイドロス』篇においてプラトンは、真理について、それをイデアと語ることによって明らかにするだろう。イデアは神の思惟対象《エンノエーマ》であり、ギリシア語を話さぬ者たち〔すなわちユダヤ人〕はそれを「神のロゴス」と呼んでいた。〔プラトンの〕テクストの文言はこうである。「というのも、ほかならぬ真理について語るときは、まさに真であることを思い切って語らねばならないからである。実際、色もなく、形もなく、触知もできない、あの真にあるもの《オントース・ウーサ》である〈真実在《ウーシアー》〉は、魂の舵取りである知性によってしか観られない」（『パイドロス』二四七c四―八）。そして、創造の原因となるロゴスが発出し、しかる後に、つまり観られることができるようにロゴスが肉になる時に、自身をも生むのである。

（クレメンス『ストローマテイス』V・三・一六）

この箇所では、ロゴスは一見すると「二つのロゴス」説の流儀で表現されているように読めます。すなわち、最初に神の思惟におけるイデアであったロゴス（内なるロゴス）が、次に神の思惟から発出して創造の担い手としてのロゴス（発せられたロゴス）になるという、私たちには既にお馴染みの図式です。

さらにこの箇所には、「発出する」（proelthōn）という語が使われていますが、これは、ロゴスがその存在の第一段階から現れ出る生成の働きの記述として、二世紀の護教家たちによって既にたびたび用いられてきた言葉です。最初、神の思惟対象であったロゴスが別個の人格神的存在になる時、たとえばタティアノスは、そのいわば第二段階のロゴスの生成を「湧き出す」とか「流出する」という語によって記述した後で、「〈父〉の力から発出したロゴス」と記述しています（60―61頁引用参照）。同様に二世紀中頃の護教家アテナゴラスは、永遠の過去からロゴスは神のうちにあったと述べた後で、そのロゴスがすべての物質的事物のイデアであり活動をもたらす力となるべく「発出する」と記述しています。彼らに先立って殉教者ユスティノスも、「ロゴスから発出する」という表現こそ用いていないものの、ロゴスの第二段階における生成を、「ロゴスから出る」(elthōn)という表現によって記述していました。

先ほどの引用で、「創造の原因となるロゴスが発出し」と述べたクレメンスもまた、二世紀護教家たちからそのような表現を継承し、永遠の過去から神の内にあったロゴスが世界を創造するために別個の人格神的な存在として生じたということを意味していたと思われます。

しかし、同じ『ストローマテイス』第五巻の少し後で、クレメンスはまた、こうも述べています。

> われわれに存在と生命を分かち与えた者は、われわれが理性的にかつ善く生きることを欲して、ロゴスをも分け与えた。というのは、万物〔の創造〕に関する〈父〉のロゴスとは、発せられたそれ〔ロゴス〕ではなく、もっとも明白な神の知恵であり善性であり、さらに全能の力であり、真に神的なものだからである。それは〔信仰に〕同意しない者たちにさえ理解し難いものではない、まさに全能の神の意図だからである。
>
> (クレメンス『ストローマテイス』V・六・三)

これも一見すると「二つのロゴス」説のように読めますが、ここで問題となるのは、傍点を付した指示代名詞の「それ」が一体何を指しているかです。当然、「それ」は「ロゴス」を指していると読むのが一般的ですが、そうすると今度は「発せられたロゴスではない」という文意を読み取るのが難しくなってきます。そもそも「二つのロゴス」説の特徴の一つが、先に見たように、神のロゴスから「発出した」、つまり「発せられたロゴス」という点にあったわけですから、それを否定する形で「発せられたロゴスではない」と言われると、どう解釈してよいのか戸惑ってしまいます。

このテクストの一九八一年刊行の校訂本は、当該の指示代名詞「それ」の直前の文章で、「ロゴス」が神から分与された「理性」という人間の能力として語られている点を重視し、「それ」が表示している「ロゴス」を、「発話において自らを外部へと表示する人間の理性《ロゴス》」と読むことを示唆しています[3]。そのように読むならば、ここで語られていることは、万物の創造に関わる〈父〉のロゴスを、人間が自らの意を表すために発話した言葉と関連づけて理解してはならない、というクレメンスの一種の警告として読めるように思われます。本書も、わかりやすく説明するためとはいえ、フィロン以来の創造論解釈、すなわち神の内なるロゴス（神の思惟の内にある一種の設計図なようなもの）とそれを実際に造り出すために発せられたロゴス・キリストという関係図式を、私たちが日常的に自らの意を相手に伝えるために発話するという人間的次元でのロゴス理解と重ね合わせるようにして解釈してきました。しかし、そのように人間の言葉《ロゴス》から神のロ

神との関係に依るもの

神《テオス》	：	ホ・テオス（〈父〉）	テオス（御言葉《ロゴス》）
		‖	
ロゴス	：	ホ・ロゴス（〈子〉）	ロゴス（人間の言葉）

ロゴスとの関係に依るもの

図２　テオスとロゴスの冠詞の有無による区別

ゴスを理解しようとする企て自体には限界と危険が潜んでいる、そうクレメンスは指摘しようとしていたのではないでしょうか。

(3)「冠詞付きのロゴス」と「無冠詞のロゴス」

この点は、本書第2章で扱うオリゲネスの用語法を使うと、とてもわかりやすくなるので、少し先取りして説明することにします。本書でも最初の方で、福音書における冠詞付きのロゴス（ホ・ロゴス）と無冠詞のロゴスの違いをお話ししましたが（本書24－25頁参照）、オリゲネスも冠詞の有無をとても有効に使って「神」と「ロゴス」をうまく説明しています。まず、〈父〉なる至高の神は、冠詞付きで「ホ・テオス」と表されますが、御言葉（ロゴス）が神と呼ばれる場合は、無冠詞で「テオス」と表されます。同様に、始原・原理としての第一のロゴスは「ホ・ロゴス」と冠詞付きで表されますが、それに与って「ロゴス」と呼ばれるものは無冠詞で表されます。したがって、御言葉（ロゴス）が神と呼ばれるのは〈父〉なる神（ホ・テオス）との関係に依るように、人間の言葉がロゴスと呼ばれるのは御言葉（ホ・ロゴス）との関係に依っていて、その二つの関係は類似したもの（つまり類比的な関係）となります。さて、以上のようであるとすると、神であるロゴス・キリストを「発せられたロゴス」つまり発声された言葉という人間の次元で考えることは、本来、〈父〉なる神（ホ・テオス）との関係においてしか開示されない御言葉・キリスト（ホ・ロゴス）の本質的なあり方を、人間の言葉から説明することになってしまいます。それは神への冒瀆であるだけでなく、論理的にも誤った論法と言わざるを得ません。

また、『ストローマテイス』第七巻では、「〈子〉は〈神の力《デュナミス》〉であり、万物が生じる前の〈父〉の原初のロゴスであり、本来の意味で〈神の知恵〉」である上に、「〈父〉の活動《エネルゲイア》」でさえあると述べられています（Ⅶ・二・七）。さらに『教導者』では、「〈子〉は〈父〉の内にあり〈父〉は〈子〉の内にある」（Ⅰ・七・五三）ゆえに、「その両者は一つ、すなわち神である」（Ⅰ・八・六二）と言われています。

以上の考察から、クレメンスは「二つのロゴス」説を唱えたのか、という問いには、こう答えることができるでしょう。クレメンス自身は、〈父〉の力であり知恵でありロゴスである〈子〉の生成を、まさに〈父〉自身の活動の発現（エネルゲイア）として力動的に捉えようとする限りで、もはや「二つのロゴス」説的な考え方を克服できていたのではないかと思います。しかし同時に、二世紀護教家たちから四世紀アレイオス論争へのまさに過渡期にあって、クレメンスの独自のロゴス・キリスト論はどうしても「二つのロゴス」説と混同されかねない状況に置かれていました。〈父〉のロゴスであるキリストをできる限り直截《ちょくさい》に語ろうとしても、自らの意図に反して、前世紀までの「二つのロゴス」という迂遠な図式によって理解されてしまうという時代的な制約が、クレメンスを苛《さいな》んだものと思われます。だからこそ、フォティオスは、クレメンスの真意を正しく理解することができず、誤読してしまったのでしょうし、現代の研究者たちもまた、「二つのロゴス」説をめぐるクレメンス解釈において意見の一致をなかなか見つけることができなかったのだと思います。

では、二つのロゴス説に依拠せずにクレメンスの真意を読み取るにはどうしたらよいでしょうか。第1章の最後に、神の思惟としてのイデアという考え方を見ていきたいと思います。

3　神の思惟としてのイデア

中期プラトン主義者はイデアをどう捉えたか？

先ほど、クレメンスの『ストローマテイス』（Ｖ・三・一六）から引用した中に、「イデアは神の思惟対象《エンノエーマ》であり、ギリシア語を話さぬ者たち（すなわちユダヤ人）はそれを『神のロゴス』と呼んでいた」（本書76頁）という文言がありました。もしこの通りであるならば、「二つのロゴス」説に依拠せずにイエス・キリストの神性を弁証するために、「神のロゴス」が意味するところの「神の思惟対象としてのイデア」という前提から改めて説き直す途があるかもしれません。実際、そうしたアプローチの発端は、私たちがすでに見たユダヤ教徒フィロンのプラトン『ティマイオス』解釈に見出されます。

フィロンは、『ティマイオス』における（A）範型イデアと（B）それを眺めながら宇宙を創造するデーミウールゴスというプラトン的な区別を、(a)種子的ロゴスと(b)その必然的展開としての神（＝制作的な力をもった技術的な「火」）という形でストア的に理解することによって、唯一神による多様な自然世界の創造を媒介・補助する「神のロゴス」という概念を容易に導出することができました（本書42—43頁）。しかし、イデアを神の思惟内容（神の思惟のうちに内在する）とみなすフィロンのこのプラトン解釈（ないしは改釈）は、それ自体で離存・超越するイデアを説くプラトン自身の主張とは決して相容れない誤解とさえみなされうるものです。それにもかかわらず、フィロンに見出されるこのようなイデア理解は、中期プラトン主義を介して、その後長く影響を保持し続けることになります。[4]

中期プラトン主義

ここで「中期プラトン主義」について少し説明をしておきたいと思います。というのも、キリスト教の生い立ちを知るためには教父たちがどんな考え方によってキリスト教を形作っていったかを知らねばなりませんし、そのためには、哲学、とりわけプラトン（主義）哲学の系譜をざっと頭に入れておいていただく必要があるからです。

紀元前三四七年のプラトンの死後、彼が創始した「アカデメイア」と呼ばれた学園は、彼の甥であるスペウシッポス、さらにクセノクラテスら代々の学頭に受け継がれていきましたが、プラトンの後継学派はその学園の名前にちなんで「アカデメイア派」と呼ばれます。プラトンの死後しばらくは、数学への傾倒が著しかったアカデメイア派でしたが、前三世紀半ばに学頭となったアルケシラオスによって、懐疑主義を志向する大胆な学園改革が断行され、新アカデメイア派として知られるようになりました。

確かにプラトン対話篇（特に初期対話篇）には、対話相手から提示されたテーゼがソクラテスによってすべて否定され、アポリア（行き詰まり）に陥るというパターンが散見されますが、その点を強調すれば、プラトン哲学の中には教義化した知識を全否定する懐疑主義的傾向があると言えるかもしれません。しかし実際のところは、プラトンはもちろんのこと、懐疑主義者ピュロンや前三世紀前半に活躍した優れた論理学者ディオドロス・クロノスから折衷的に影響を受けたアルケシラオスが、高度に体系的な理論の教義化に向かっていたストア派やエピクロス派のような同時代のライバル学派に対抗し得る手段として懐疑主義を取り入れたことがその改革の一因かと思われます。

その後、新アカデメイア派は前二世紀中葉にカルネアデスを学頭として迎え、その懐疑主義は対人論法的な色彩を強めていきましたが、最終的に前一世紀に入る頃には、アカデメイア派は懐疑主義から撤退することになります。その際、指導的役割を果たしたアンティオコスは、必要に応じてストア派や**ペリパトス派**（アリストテレス哲学を継承する学派）の学問区分や学問原理に即しつつプラトンを詳細に読み解くことで、積極的に、しかも比較的穏当な（悪く言えば折衷的な）線で自らの教説を提示するようになっていきます。こうした紀元前一世紀前半の懐疑主義の脱却から、紀元後三世紀にプロティノス（二〇五―二七〇）によって創始された「新プラトン主義」の登場までの間のプラトン主義の流れが「中期プラトン主義」と呼ばれます（いずれのプラトン主義の名称も当事者が自ら名乗ったものではなく、あくまで後世の研究者による分類上の呼称です）。

プラトン没後のアカデメイア派の流れが、プラトン哲学から離反していくような数学化や懐疑主義の方向に向かったのに対して、中期プラトン主義の特徴は、プラトンの著作に立ち戻り、直に向き合った上で彼の哲学を概説し、個々の対話篇を注解していくところにあります。たとえば、『英雄伝』の著者として知られるプルタルコス（四五／六―一二〇頃）の『「ティマイオス」における魂の生成について』や、概説書の類としてアルビノス（二世紀頃活躍）の『プラトン序説――対話篇入門』やアルキノオスの『プラトン哲学講義』、さらに『黄金の驢馬』で有名なアプレイウス（一二五頃生）の『プラトンとその教説』などが代表的な中期プラトン主義の文献として挙げられます。また、後に一般的なスタイルとなる注解（commentary）形式をとった著作もこの頃から書かれ始めたとみなされています。いずれにしても、プラトンがどのような学説をいかなる形で述べているかを直接彼の対話篇からコンパクトに抄録する形で概説するこれらの〈プラトン哲学早わかり〉的な書物が、当時の読者によって求められていたことは確かなようです。

三つの寝椅子の比喩

そもそも、フィロンから中期プラトン主義にまで至る誤解の遠因はプラトン自身にあるとも言えます。『国家』篇第一〇巻初めで語られる「三つの寝椅子」の話もその一つで、その図式的な説明の明快さのゆえに、イデア論の教科書的な説明では必ずと言ってよいほど引用される箇所です。それによると、寝椅子には「寝椅子のイデア」、それを眺めて「工匠が作った（現実の）寝椅子」、さらにその作られた寝椅子を「画家が描いた寝椅子（の絵）」の三種類あると言われ、第一の寝椅子のイデアについて以下のように言われています。

それゆえ、三つの寝椅子があることになる。一つは本性において寝椅子であるもの〔すなわち寝椅子のイデア〕。私が思うに、われわれはこれを神が作ったと言うだろう。そうでないとしたら、いったい他の誰が作ったのだろうか。（プラトン『国家』Ｘ・二・597ｂ４―６）

工匠が寝椅子の実物を制作し、画家がその寝椅子を描いた絵を制作したとすると、寝椅子のイデアはいったい誰が作り出したのか、そういう図式的説明、これを「類比」（analogy）と呼びますが、そうした類比を成立させるために、寝椅子のイデアは「神が作った」と言われているわけです。つまり、ここではあくまで類比関係を成立させるためだけに、便宜上、寝椅子のイデアの制作者が措定されているに過ぎません。厳密に言えば、人為的制作物とその作者との類比関係だけからイデアと神の関係を解明しようとすることは、被造物の間で成立する関係を創造主である神の領域に当てはめようとする誤った論法ということになります。このような議論の進め方は、神であるロゴス・キリストを、発声された言葉《ロゴス》という人間の次元で考えてはならない、というクレメンスの警告を説明した際に用いられたのと同じです（本書79頁）。そもそも、プラトン自身が人為的制作物のイデアというものの存在を本気で認めていたかどうかさえ疑わしい以上、神によるイデアの産出という考えに安易に飛びつくのは危険です。

しかし、こうした解釈傾向は、デーミウールゴスからは本来独立しているはずの宇宙の範型としてのイデアを、デーミウールゴスの考え出した思惟内容として内在化させる『ティマイオス』解釈へと繋がっていき、やがて二世紀の中期プラトン主義者たちによって定説化されていきます。実際、デーミウールゴスが宇宙の創造に際して「すべてのものができるだけ自分（作り手である デーミウールゴス自身）と似たものとなることを欲し」（『ティマイオス』29e二—三）、しかもそのようにして生じたこの宇宙が「思惟対象の似像[5]」（同92c七）と呼ばれている以上、デーミウールゴスをイデアと同一視し、イデアをデーミウールゴスの思惟内容とみなす解釈が、プラトンの原テクストを超えて（むしろ逸脱して）唱えられていったとしても不思議ではありません。たとえば、ディオゲネス・ラエルティオスの伝えるところによれば、早くもプラトンと同時代の弁論家アルキモスによって、イデアが永遠不変で「思惟されるもの」だという考えはプラトン自身のものだとみなされています（『哲学者列伝』Ⅲ・一三）。さらに、二世紀に活動したと推測される中期プラトン主義者アルキノオスの著した『プラトン哲学講義』（*Didaskalikos*）では、イデアは以下のように要約されています。

イデアは神との関連では神の思惟であり、われわれとの関連では第一に思惟されるものであり、素材〔質料〕との関連では尺度であり、可感的な宇宙との関連では範型であり、当のイデア自身との関連では〈真実在《ウーシアー》〉であると認められるものである。

（アルキノオス『プラトン哲学講義』IX・163・一四―一七）

ここで神が最高の知的存在であるとすれば、そのいわば第一の知性《ヌース》は「自分自身と自らの思惟対象とを常に思惟するだろうし、この知性の活動自体がイデアにほかならない」（同書X・164・二九―三二）とアルキノオスは明言しています。

同じ中期プラトン主義者として二世紀後半に活動したシリア・アパメアのヌーメーニオスともなると、第一の至高神と第二の神であるデーミウールゴス〔キリスト教から見ればロゴス・キリストに当たる神格〕のそれぞれと、範型イデアやその模像である宇宙との関係が、以下に引用するように、より複雑に階層化されていきます。

（1）善それ自体である第一の神。（2）その模倣者であり制作者である善なるもの。（3）第一の〔制作者による〕ものの真なる存在〔イデア〕と、その他の第二の〔制作者による〕もののの真なる存在〔イデア〕。（4）それら真なる存在の模像であり、美の分有によって美化された美しい宇宙。

（ヌーメーニオス『断片』一六）

善それ自体である第一の神（1）は、第一の知性《ヌース》として自らの思惟対象である善のイデア（3）を作り出し、それを永続的に観想し、他方、その第一の神の模像であるデーミウールゴス神（2）は、その思惟対象である万有のイデア（3）を作り出し、その模像である宇宙（4）を作り出すと言われています。

第一の神と第二の神の原型―似像関係と、そのそれぞれの知性が自身に固有のイデアを自らの思惟対象とする知性―思惟対象関係とが絡み合った複雑な仕組みになっていますが、「イデアとは神の思惟である」という原則自体は保持されているように思われます。ただし、思惟対象としてのイデアとそれを思惟する知性としての神とをシンプルに区別したアルキノオスの場合、デーミウールゴス神がイデアと同一視されざるをえなかったのに対して、デーミウールゴス神を第二の神とみなしたヌーメーニオスの場合、その第二の神の思惟対象としてのイデアも措定されたことで、善のイデアとその下位の他のイデアの階層関係が二つの神の関係によって根拠づけられる形になっています。

いずれにせよ、思惟するものと思惟されるものの関係の内に神を位置づけることによって、神の思惟対象が範型としてのイデアであるとみなすような考え方は、中期プラトン主義者の間ではほぼ定説化していたと言ってよいように思います。*

＊　同じく二世紀に活動したアッティコスも、範型イデアを「神の思惟対象」とみなす考えをプラトンのものと説いている（『断片』九・五）。

〈イデア＝神の思惟〉説の折衷的な性格

「二つのロゴス」説に依拠せずに神のロゴスを解き明かす手立てとして、クレメンスが神のロゴスを「神の思惟対象としてのイデア」へと難なく置き換えることができたのも、このような（プラトン自身であれば否定したであろう）中期プラトン主義的な考えが、当時すでに広く認知されていたからに違いありません。二世紀を代表する護教家ユスティノスもまた、同様に中期プラトン主義の影響を色濃く受けていました。[6] このような主張の延長線上で、クレメンスはプラトンについて以下のように述べています。

　プラトンが、「諸々のイデアを観想する者は、人間たちのうちで神として生きるだろう」と述べているのは適切である。知性《ヌース》はイデアの場であり、知性こそが神である。つまり、不可視な神を観想する者こそが、人間たちのうちで生きている神であるとプラトンは述べているのだ。

（クレメンス『ストローマテイス』Ⅳ・二五・一五五）

ここで傍点を付した「イデアの場」という言葉は、アリストテレスの以下の言葉を想起させずにはおきません。

魂が形相の場であると語っている人々もうまく語っていることになる。ただし、ここで魂とはそのすべてではなく、思惟する力をもった魂のことであり、形相とは完全な実現状態にある形相ではなく、可能な状態にある形相のことであるという点を除く限りでそうなのである。

（アリストテレス『デ・アニマ』Ⅲ・四・429a二七―二九）

ここで「魂が形相の場であると語っている人々」とはプラトンやプラトン主義者のことを指していると考えられます。具体的には、プラトンの次の言葉が適切な例証になると思います。

「しかし、パルメニデスよ」とソクラテスは言った。「これらの形相のそれぞれは、たぶん思惟対象であるかもしれない。そして、魂の内においてより他にそこで生じるのが形相にふさわしいところは一つもないかもしれない。……」

（プラトン『パルメニデス』132b三―六）

まず、このプラトンの引用箇所は、あくまで批判対象として挙げられた考え方であることを留保しておかねばなりません。その上で、ここで「形相」と訳された原語の「エイドス」が、プラトンにおいてはイデアとほぼ同義で使われる語であることを鑑みれば、留保付きではあるものの、「イデア＝思惟対象」という考えの出典の一つとみなすことができるでしょう。

しかし、アリストテレスの場合、あくまで形相とは、事物を現にある通りのものにするその事物の本質形相としてか、それをそのようなものと思惟できる人間の魂における思惟能力の対象としてか、そのいずれかであり、そのどちらも事物あるいは人間の魂に「内在する形相」である点で、それ自体として離存するプラトンの超越的イデアとは明らかに異なる位相にあります。つまり、クレメンスが人間知性を「イデアの場」と呼ぶ時、彼はプラトン的な超越的イデアとアリストテレス的な内在的形相の対立を完全に相対化していると言ってよいでしょう。なぜなら、クレメンスにとって、あるいは中期プラトン主義者にとっても、プラトンがイデアに託した超越性は、思惟対象としてのイデアを思惟する第一の知性、第一の神がすべて担うことになるからです。

その意味で、神が最高の知的存在である限り、すべてを超越する神の知性にとってもっともふさわしい思惟対象は〈神自身とイデアである〉とアルキノオスが主張する時（『プラトン哲学講義』X・164・二九—三一）、そこでは明らかに以下のようなアリストテレスによる「神の自己思惟」論が巧妙にイデア論と合成されていることがわかります。

また、知性よりも価値あるもの、すなわち思惟されるものが何か他に存在していることも明らかである。……それゆえ、〔この神的な知性は〕自らが実際にもっとも優れたものである限り、自己を思惟する。すなわちその思惟は、思惟の思惟である。

（アリストテレス『形而上学』XII・九・107b二九—三〇、三三—三五）

しかし、イデアを神の自己思惟とみなす解釈の起源がアリストテレスにあると言い切ってしまうわけにもいきません。なぜなら、すでにフィロンのところでも説明したように、プラトン的イデアとストア派の「種子的ロゴス」の同一視に見られるようなストア派の影響や、エドゥアルト・ツェラーが主張する新ピュタゴラス主義〈数〉が世界の原型であり、神の根源的な思考であり、万物の原因であるという主張）の影響もこの解釈には明瞭に見出されるからです。厳密に考えれば、理論的に整合し得ないこれらの考えが、「神の思惟としてのイデア」という観念へと果たして折衷主義的に習合することができるものなのかどうか、研究者の間でも議論が分かれています。いずれにせよ、神の思惟をイデアとみなす解釈は、それが表向きはプラトンの教説として伝えられていったにもかかわらず、実際はいくつかの異なる思想的源泉からの複合的な影響によって合成されたものであることはほぼ間違いないと思います。

もちろん、こうした多様な思想源泉の折衷主義的な混淆《こんこう》は、有力な思想源泉にとどまらず、それらを伝達していく仲介者の働き、とりわけ翻訳者や抄録者の貢献によって、より一層加速されていくことになります。そのような典型が、紀元前一世紀、ローマ共和制末期の混乱期に活躍したキケロや、後一世紀にローマ皇帝ネロの政治指南役であったセネカのように、ラテン語で著作した著作家たちです。たとえば、キケロはプラトンのイデアをまず「理性（ratio）や知性（intellegentia）が保持する形相（forma）」と規定した上で、こう伝えています。

その彫刻家〔フィディアス〕がユピテルやミネルヴァの彫像を制作する時、彼はそれにしたがって似像を形作る何かモデルのような人間を見はしなかったが、彼自身の心の中には卓越した美の原型［species］があった。彼はその原型を見、その原型に集中して、神の似像を作り出すために芸術的な手腕をふるった。（キケロ『弁論家について』九）

ここで「原型《スペキエス》」と呼ばれているのは、プラトンにおける「範型《パラデイグマ》」としてのイデアをラテン語表記したものと思われますが、プラトンにおける範型が独立自存する超越的イデアを指すのに対して、キケロはそれを制作者の心（mens）の中にある制作上の設計図とも言うべき「原型」とみなしています。キケロにとってはイデアと同義語であるspecies（哲学用語としては「形相」や「種」を意味するラテン語）を制作者の思惟内容としている点で、この考え方は明らかに〈イデア＝神の思惟〉説に連なるものです。また、イデア的範型が制作者の心の中に内在するという考えは、私たちが既に見たフィロンのデーミウールゴス的世界創造者を皮切りに、後一世紀以降は繰り返し出会うことになるものです。その一例をセネカから引用しておきます。

プラトンは第五〔の原因〕として、彼自身はイデアと呼んでいる「範型」［exemplar］を付け加える。これはすなわち、制作者がそれを凝視しながら自身が意図したものを創り出す、そのような範型である。制作者の外部に範型があり、彼がそれに目を向けるのか、あるいは、彼の内部に範型があり、それを彼がそこに自ら思い描き、措定するのか、いずれにせよなんら違いはない。神はこれら万物の範型を自らの内に持ち、遂行されるべき事柄全体の調和と基準をその心［mens］の内に包含する。神はプラトンがイデアと呼ぶ、不死、不動、不屈のこれらの型で満ちている。

（セネカ『書簡集』六五・七）

制作者である人間の心の内にある範型とイデアとの同一視を、神とイデアの関係にまで類比していく考え方がここにも見出されます。これは単なる類推に過ぎず、真正な論証とは言えませんが、多くの人に訴える力は絶大でした。この考え方に立てば、アリストテレスが批判していた制作・創造におけるイデアの生成因としての力の欠如を、制作・創造する力を有した制作者・創造神とイデアを同一視することによって補完することも可能となります。

建築家が煉瓦や石材から現実の物質的な家を作り出すことができるのは、自分の心の内にその家の範型をもっている者が家を作り出す力量をもった建築家だからであって、いくら超越的な範型すなわちイデアを参照しても、その者に家を建築するための力量がなければ家の生成は決して成就しません。同様に、神による世界の創造も、神の思惟としてのイデア（すなわち神のロゴス）だけでは厳密な意味で世界生成の原因とはなりえません。そこで神は自らの〈子〉を、世界を作り出す制作者・創造神として人格神化した〈ロゴス〉すなわち「御言葉キリスト」として生み、自らの内にある世界の範型（ストア的には種子的ロゴス）を現実の宇宙として展開・構築する力をもつ制作者《デーミウールゴス》・創造神として位置づけたと、さしあたりは解釈できるのではないでしょうか。言い換えれば、そう解釈することによって、クレメンスは「二つのロゴス」説に潜む陥穽《かんせい》におちいることなく、神の思惟としてのイデアという考えを介して、神の力であり「〈父〉の活動《エネルゲイア》」そのものである〈子〉という結論に至ることができたのではないかと思います。

しかし、「内なるロゴス」からロゴス・キリストが発出すると言う代わりに、〈父〉なる神が〈子〉を御言葉キリストとして「生む」と言い換えたからといって、それで問題が一気に解決するわけではありません。それどころか、「〈父〉なる神」とか「神の〈子〉」と呼ぶことによって、一体何がどのように明らかになるのか、そもそも神が〈父〉となり〈子〉を生むとはいかなる意味をもつのか、という新たな問いが次々に立ち現れてきます。「〈父〉が〈子〉を生む」という考え方には、キリスト教の生い立ちを知るために欠かせない根本的な問題が隠されているように思います。

そこで、続く第2章では、キリスト教の生い立ちを知るための第二の問いとして「なぜ、イエス・キリストは〈子〉と呼ばれるのか？」という問題を、教父たちの著作に基づきながらじっくりと考えていきたいと思います。

第2章
なぜイエス・キリストは《子》と呼ばれるのか？

モザイク「聖母子」アギア・ソフィア大聖堂
(9世紀中頃、イスタンブール、トルコ)

これまで神を見たものは誰もいない。〈父〉の胸にいる独り子である神、その者が教えたのだ。

（ヨハ一・一八）

私と〈父〉は一つである。

（ヨハ一〇・三〇）

我々は〈父〉と〈子〉と〈聖霊〉の三つの実質存在（ヒュポスタシス）が存在すると思い、〈父〉よりほかに〈生まれていないもの《アゲンネートン》〉はないと信じている。……独り子だけが初めから本性的に〈子〉なのである。

（オリゲネス『ヨハネ福音書注解』Ⅱ・一〇・七五―七六）

1　〈父〉なる神が〈子〉キリストを「生む」とは？

「父よ」という呼びかけ

キリスト教の信者が「天にましますわれらの父よ」と祈る場面を、ドラマや映画で見たことのある人は多いと思います。もちろん信者の皆さんは、たとえどの教派であっても、この呼びかけから始まる「主の祈り」を事あるごとに唱えておられることでしょう。しかし、日本の大多数の方々からすれば、ドラマやキリスト教式の結婚式で耳にする程度の、日頃あまり口にすることのないものかと思います。

そもそも、この祈りの言葉は、「マタイ福音書」において、いかに祈るべきかをイエスが説く場面が出典となっています。善人ぶってわざと人目につくよう長々と祈ってはならないと諭した後で、イエスはこう説いています。

あなたがたは次のように祈りなさい。

天にまします我らの父よ。あなたの名が聖なるものとされますように。あなたの王国が来ますように。あなたの意志が天においてと同様に地においても実現されますように。私たちの日々のパンを今日も私たちにお与えください。そして、私たちの負い目を赦してください。私たちも私たちに負い目をもつ者たちを赦したのですから。そして、私たちを試みにあわせないで、私たちを悪から救い出してください。

（マタ六・九―一三）

「あなたの名が聖なるものとされますように」（御名があがめられますように）という表現はユダヤ教のシナゴーグ（集会所・会堂）での祈りに由来するものかと思われます。いずれにせよ、イエスが教えるこの祈りの言葉は、その後、キリスト教教会において「主の祈り」（主禱文）として公式に採用されているものです。

ところで、第1章では「共観福音書」という言葉を紹介しましたが、相互に見比べる（共観する）ことができるマタイ、マルコ、ルカ福音書のうち、「マルコ福音書」がもっとも古く、マタイとルカの両福音書がそれに依拠していると考えられています。しかし、ほとんど同じ内容（並行記事）がマタイとルカだけにしか見出されない場合があります。その場合は、マタイとルカの両福音書記者が、「マルコ福音書」とは別の共通の資料「Q資料」（Qは「資料」を意味するドイツ語 Quelle の頭文字）を参照していたに違いありません。そのように、マタイとルカが参照した資料には、「マルコ福音書」とQ資料の二種類あったという解釈は、「二資料仮説」と呼ばれ、現在ではほぼ定説化しています。

実は、今、「主の祈り」として引用した「マタイ福音書」の箇所も、その並行記事がルカ福音書だけに見出されるケースに当てはまります。「ルカ福音書」の並行記事も引用してみましょう。

かくして、彼〔イエス〕があるところで祈っていたのだが、祈り終えたとき、彼の弟子のうちの一人が彼に向かってこう言った。「主よ、〔洗礼者〕ヨハネが彼の弟子たちに教えたように、私たちにも祈ることを教えてください」と。弟子たちに彼は言った。「祈るときは次のように言いなさい。

父よ、あなたの名が聖なるものとされますように。あなたの王国が来ますように。私たちの日々のパンを毎日私たちにお与えください。そして、私たちの罪を赦してください。私たち自身も私たちに負い目をもつ者を皆赦しますから。そして、私たちを試みにあわせないでください」。

（ルカ一一・一—四）

「主の祈り」の部分を比べてみると、明らかにマタイのほうがいろいろ付け足されているのがわかりますが、ルカのほうにも「罪の赦し」という独自のテーマが顔を出しています。しかし、総じて言えば、内容的に大きな違いはありませんし、マタイとルカが同じ資料に基づいているという推測も十分納得がいきます。

その資料とは、おそらく、「イエスは言った」という言葉から始まる、いわゆる「イエス語録」のようなものだったと推定されます。それは、実際にイエス本人が語ったであろう言葉に基づいているとはいえ、いつ、どこで、どのような状況で語られたかが一切記録されていない文字通りの「語録」です。そのため、どのような状況で語られたのかについての判断は、おおむね福音書記者に委ねられていたものと思われます（それに対して、マルコ資料のほうは、語られた具体的状況も込みでイエスの言葉を伝えています）。「主の祈り」についても、マタイはそれを、「貧しい者は幸いである」から始まるあの有名な「山上の垂訓（説教）」（五―七章）の中に組み入れましたが、ルカは、当時競合していた洗礼者ヨハネの教団で行われていたように、自分たちにも祈りの仕方を教えてほしいと弟子たちにせがまれた、という設定にしています。

しかし、ここで注目していただきたいのは、祈りの冒頭、イエスの呼びかけの部分です。マタイでは、「天にましますわれらの父よ」となっていますが、ルカでは端的に「父よ」という一語で呼びかけています。おそらく、実際のイエスの呼びかけは、ルカが伝えたほうだと思います。ギリシア語で「父」は「パテール」ですが、ルカのその箇所は「パテル」と二音節目が短母音となって語形が少し変化しています。ギリシア語では、英語の主格とか目的格とかのように、名詞の文中での働きに応じて語形が少しずつ格変化します。ここでの「パテル」のような語形を「呼格」と言います。文字通り、呼びかける時の語形です。

「呼びかけ」という言葉の働きは、「彼は羊飼だ」というような平叙文、いわゆる叙述とは違って、呼びかけた相手が私に向き合ってくれるよう直に訴えかける、まさに対人的な言語的実践と言えるものです。しかも、呼びかけている（一人称の）私と、呼びかけられている（二人称に相当する）相手との関係は、極めて私秘的で親密な、文字通りその二人だけの関係です。わかりやすく喩えて言えば、「父よ」という呼びかけの一言によって、たちまち〈父〉なる神と私との間にホットラインが設置されるようなものです。

　とりわけ、イエスが「父よ」と呼びかけるシーンでもっとも切迫しているのは、以下の場面ではないでしょうか。

〔ゲッセマネに来ると、……〕イエスはペトロとヤコブとヨハネをいっしょに連れて行くと、〔やがて〕驚き戸惑い始め、彼らにこう言った。「私の魂は死ぬほど苦しい。ここに留まり、目覚めていなさい」。そして、少し進んでから、彼は地に伏し、できることならこの時間が自分から過ぎ去ってくれるようにと祈った。そして言った。「アッバ（父よ）、あなたにはできないことがない。だから私からこの〔受難の〕酒杯を払い除けてください。しかし私の欲することではなく、あなたの欲することを」。

（マコ一四・三三―三六／並行箇所、マタ二六・三七―四六、ルカ二二・四〇―四六）

十二使徒の一人であるユダの裏切りによって逮捕される直前、イエスは間近に迫った自らの受難を思い、死ぬほどの苦悩の中から「アッバ」と叫びます。「アッバ」とは、アラム語で幼児が父親を「父ちゃん」と呼ぶようなニュアンスの言葉ですが、一なる全能の神に「父ちゃん」と必死で呼びかけるイエスの姿に思わず胸が熱くなってしまいます。

アラム語はヘブライ語と同じセム語の一種で、バビロン捕囚後、徐々に文語化していったヘブライ語に代わってユダヤ人たちの日常語になっていった言語です。つまり、イエスもアラム語を話していたわけです。ですから、新約聖書がギリシア語で書かれているからといって、実際にイエスがギリシア語で話していたわけではありません。ちなみに、十字架にかけられたイエスの心からの叫びを表すために、「アッバ」と同じようにアラム語が用いられている印象的な場面があります。

九つ時〔午後3時〕頃、イエスは大声で叫んで言った。
エーリ、エーリ、レマ　サバクタニ
すなわち「私の神よ、私の神、何のために私を見捨てたのか」と。
（マタ二七・四六／並行箇所、マコ一五・三四〔ルカ二三・三四〕）

神への不信感や絶望といった人間イエスの心情が一瞬垣間見える場面ですが、アラム語がそのまま記されることで、イエスの肉声が直に聞こえてくるかのように感じられます。

いずれにせよ、「アッバ」と呼びかけているイエスこそ「神の独り子」に他なりません。パウロによれば、この神の子イエスのおかげで、私たちもまた神に「父よ」と呼びかけることのできる子となっているのです。すなわち、

　同じように我々もまた、子供だったとき、宇宙の構成要素〔のもたらす力〕の下《もと》に隷属させられていた。しかし、時が満ちたとき、神は自らの〈子〉を遣わした。〈子〉は女から生まれ、律法の下に生まれた。それは、律法の下にある者たちを贖《あがな》い戻すためであり、その結果、私たちが〔父なる神の〕養子となるためである。あなた方はいまや子であるので、神は自らの〈子〉の霊を、すなわち「アッバ、父よ」と叫ぶ霊を、私たちの心の中に遣わした。その結果、あなたはもはや奴隷ではなく、子である。子であるなら、あなたは神によって〔定められた〕相続人なのである。

（ガラ四・三―七）

　この箇所のパウロの文章は、「私たち」と「あなた方」と「あなた」が混在しています。この代名詞の混乱が写本伝承上のものなのか、パウロ自身によるものなのかは定かではありません。いずれにせよ、ここで言わんとするところは、この世界を支配する物理的自然法則や律法に服さざるをえない私たち人間の心に、神を「アッバ（父ちゃん）」と呼ぶ神の子キリストの霊（宗教的で精神的な生命の息吹）を神が吹き込んでくれたおかげで、私たちもまた神の子となり、神を「父

よ」と呼びかけることができるようになった、ということだと思います。

神のロゴスという、文字通りいささか理に勝ちすぎた第1章とは対照的に、本章では「父ちゃん」と息子の父子関係がテーマとなります。少なくとも、キリスト教の生い立ちを知ろうとする限り、この「神の子」という概念は決して欠かすことのできない極めて重要で根本的な考え方と言えます。しかし、それは同時に、教父たちにとっての躓きの石ともなりかねない論争の火種でもありました。

父が息子を「生む」ということ

なにげなく「父なる神」とか「神の子」と言ってきましたが、そもそも唯一神論のキリスト教において「父なる神」に加えて「神の子」が存在すること自体おかしいのではないか、それでは多神論になってしまうのではないか、という疑問をもつ方もあるでしょう。確かに、我が国の記紀神話における「神産み」の物語や、ヘシオドスが著した古代ギリシアの神々の系譜譚『神統記』を見るにつけ、洋の東西を問わず、神が神を生み、神々の住まう（天《あま》つ国のような）領域が語られる神話は、多神論のものであったはずです。第1章で見たように、神が発した言葉が実体化して御言葉キリストとなったというロゴス・キリスト論の場合、その言葉《ロゴス》が神の意志を体現した働きである限り神の一性は保持されるという弁証は、必ずしも理解できないわけではありません。しかし、父なる神と子なる神の場合、両者が明確に区別された上で、それでもなお、一なる神しか存在していないと果たして言い得るものでしょうか。しかも、どうして父と子なのでしょうか。母はどうなるのでしょうか。

こうして次々と疑問が湧き上がってきますが、そのいくつかは時代やその当時の文化背景に由来するものと思われます。まずそうした疑問を解消し、その上で三、四世紀の教父たちが克服しなければならなかった核心的な問題に焦点を絞っていきたいと思います。

誰が生むのか？

まず、ギリシア語の「生む」という動詞 gennaō について説明しましょう。生理学的には、言うまでもなく子供を産むことができるのは女性だけに限られていますが、出産に先立つ生殖活動は男女両性によるものですし、社会的にも父と母から子が生まれるものとみなされます。英語では、女性が子を「産む」という意味では主に bear が用いられ、他方、男性が「子をもうける（生む）」という意味では beget が用いられるように、古代ギリシア語で gennaō と言う場合、多くの場合、父が子を「生む」ことを意味します（もちろん女性が「産む」場合もその語を使う場合があります）。こうした「生む」という動詞の用法の背後には、父が子（とりわけ息子）を生むこと、つまり男系系譜の重視という古代社会の伝統があるものと思われます。我が国の天皇制においても、皇位継承問題が議論される際にしばしば話題となる「男系」（ないし「父系」）とは、まさに父が子（この場合は息子）を生むことに基づく考えと言えます。日本に限らず古代社会では、こうした男系の系譜が優先される伝統をもった文化圏が数多く見出されますが、私たちが主題にしているキリスト教の生い立ちにおいても事情は同じでした。実際、これまで神の「子」と訳してきたギリシア語「ヒュイオス」は、正確には「息子」を意味する語なので、〈父〉なる神が「息子」を「キリスト（救い主）」として生んだ、ということになります。

たとえば、「マタイ福音書」一章冒頭からいきなり始まるイエス・キリストの系図は、典型的な男系子孫の系図となっています。

アブラハムの息子、ダビデの息子、イエス・キリストの系統の書。
アブラハムはイサクを生み、イサクはヤコブを生み、……エッサイはダビデ王を生んだ。ダビデはウリヤの妻によってソロモンを生み、……ヤコブはマリアの夫ヨセフを生んだ。このマリアからキリストと呼ばれるイエスが生まれた。

（マタ一・一―一六）

ここでは、動詞 gennaō のアオリスト形（過去形）を用いて「ダビデ（父）はイサク（息子）を生んだ」というように「父親が息子を生んだ」という表現が繰り返されています。時には「父親が母親によって息子を生んだ」という派生形も用いられています（その場合、たとえば引用文中のバト・シェバという名で知られるウリヤの妻〔サム下一一〕のように、母親が父親の妻ではなく他人の妻の場合もありました）。こうした表現は『古事記』にも散見され、たとえば「此の天皇、葛城之曾都毘古の女、石之日売命（大后）を娶して、生みませる御子」（この天皇がカヅラキノソツ・ビコの娘、〔後に大后となる〕イハ・ノ・ヒメの命《みこと》を妻として生んだ子）というように語られていて、そこでも「生みませる」とは、父である天皇が「御子をお生みになった」という意味で用いられています。どの父がどの息子を生んだか、ということがもっとも重要視される時代だったのです。

しかし、「マタイ福音書」のイエスの系図の場合、マリアによるイエスの処女降誕という神秘的出来事が控えているわけですから、アブラハムから始まって営々と続いた男系の系譜も、結果的にはマリアの夫ヨセフで途絶えてしまうことになります。アブラハムからヨセフにいたる錚々たる男系の系譜でさえも、マリアからのイエスの誕生そのものにはなに一つ関与できなかったわけです。フェミニストならずともいささか溜飲の下がる話ではありませんか。

「人が人を生む」――アリストテレスの場合

「父が子を生む」という考え方は、古代ギリシアの哲学者たちにも影響を与えました。なかでも、「人〔父〕が人〔子〕を生む」という表現を好んで用いたのがアリストテレスでした。アリストテレスは、いかなる事物も、その物質的な素材がなんらかの構造と機能をもつ形態と結合することによって成立すると考えました。彼の哲学的な用語によって言い換えれば、すべての事物は、「素材（質料）」（ヒュレー）と、しかるべき構造と機能をもつ形態すなわち「形相」（エイドス）

の結合体にほかなりません。

たとえば、陶器の茶碗のような制作物の場合、焼き物師は手元にある陶土（素材）を捏《こ》ねて、自分の心の中にある陶器の形相（茶を飲むための器という目的にかなった構造と機能をもつ理想的形態）と同じ形相をその素材を使って作り出そうとします。大工の場合であれば、大工の心の中にある家の形相（人が住まうという目的にかなった構造と機能をもつ理想的形態、いわば設計図）は、木材や石材など具体的な素材とまだ結合していませんが、大工が建築活動をすることによって木材や石材などの素材と結合した家の形相を制作するわけです。アリストテレスはそれを「家から家が生じる」（『形而上学』Ⅶ・七・一〇三二b・一一―一四）と言っています。第1章で、人間の心（魂）あるいは事物のうちに「内在する形相」の話をしましたが、ここで言われているのがまさにその内在形相のことです。つまり、大工の心のうちに素材なしに内在する形相（家）から、この木材や石材などの素材のうちに内在する形相（家）が生じる、というわけです。

では、人為的な制作物ではなく、自然に生まれるもの、たとえば馬や人間の場合はどうでしょうか。まず、馬や人間の場合も制作物の場合と同様に、肉や骨や血や皮膚、さらには諸々の細胞などの具体的な素材（質料）が、馬や人間に固有の（「生きる」という目的にかなった）構造と機能を有する形相と結合することで、「この馬」や「この人間」という個体になっています。しかし、陶工や大工のような制作者の存在を必要とする制作物と違って、馬や人間のような生物の生成に必要なのは、この馬と同じ形相をもった（ホモエイデースな*）別の馬（つまり親馬）であり、この人間と同じ形相をもった別の人間（つまり親）です。アリストテレスが好んで用いる「人が人を生む」（たとえば『形而上学』Ⅶ・七・一〇三二a・二五）とは、まさにこのことを表しています。

＊「ホモエイデース」というギリシア語の形容詞は、「同じ《ホモ》エイドスの」という意味だが、さらに「エイドス」には「形相」と「種」という二つの意味がある（プラトンは「エイドス」を「イデア」と同じ意味で用いており、その限りでは「イデア」という意味も有している）。したがって、「ホモエイデース」とは、「同じ形相の」あるいは「同じ種の」という意味となる（たとえば、アリストテレス『形而上学』Ⅶ・七・一〇三二a・二四―二五参照）。ニカイア信条を含め、四世紀に入ってからにわかにキーワードとして浮上する「ホモウーシオス」（同一本質の）という用語と極めて近似した発想に基づいている点に注目していただきたい。

しかし、アリストテレスにあっても、「人が人を生む」という表現はあくまで「（父である）人が（子である）人を生む」という意味で語られています。これがギリシア人一般の考えであることは、教父オリゲネスによるギリシア人批判から容易に察することができます。

ギリシア人たちの神々について寓意的に解釈された、明らかに恥ずべき汚らわしい物語を、どうして私が並べ立てなくてはならないのか。たとえば、哲学者たちの柱廊〔ストア〕を多くの賢明な著作で飾り立てたとみなされているソロイのクリュシッポスは、ヘラが口にするのもはばかられるようなことをゼウスに行なっているサモス島にある絵を誤って解釈している。というのも、この畏敬すべき哲学者は自身の書物のなかで、神の種子的ロゴスを受け取った素材《ヒュレー》が、宇宙全体を秩序づけるために自身のうちにそれをもつのだと言っているからである。実際、サモス島の絵におけるヘラが素材であり、ゼウスが神であるのだから。

（オリゲネス『ケルソス駁論』四・四八）

「人の子」イエスとして生まれるということ

オリゲネスによれば、ヘラが素材とみなされているということは、ギリシア人たちが男性神ゼウスを神の種子的ロゴスすなわち形相と見立てていることに他なりません。このように、人間が人間であることの本質形相を男性に顕在化させる点で、アリストテレスもまた、先に見た男系重視の考え方と軌を一にしていると言えるでしょう。しかもオリゲネスは、そのようなギリシア人の神話を「恥ずべき汚らわしい物語」と批判する以上、キリスト教における「父が子を生む」つまり父なる神が子を生むという話には恥ずべきことも汚れもない、と示唆しています。つまり、父なる神が〈子〉を生む際に、素材にあたる女性は一切介在していない、ということを示しているのだと思います。それは言い換えれば、神という本質形相を素材（質料）抜きに有する〈父〉から、同じく素材（質料）抜きに神という本質形相を有する「同一形相の《ホモエイデース》」〈子〉が生まれた、ということになります。だからこそ、アリストテレス的に言うなら、そのいわば純粋形相としての神の〈子〉が人の子イエスとして生まれる、つまり「受肉」するためには、どうしても素材（質料）としての母マリアが介在する必要があったわけです。

注意深く聖書を読まれる方なら、イエス自身はみずからを好んで「人の子」と呼ぶことに気づかれると思います。たとえば、イエスが受難予告をする場面を「マルコ福音書」から引いてみましょう。

そして彼イエスは弟子たちに、「人の子」は多くの受難をこうむり、長老や祭司長や律法学者によって蔑ろにされ、殺され、三日後に復活することになっていると教え始めた。

（マコ八・三一）

「マルコ福音書」では受難予告が三度語られますが（上記の他に九・三一、一〇・三三―三四）、そのいずれにおいても、またマルコ八章の並行箇所である「マタイ福音書」一六章一三節（ただし、受難予告の直前のイエスによるメシア告白において）や「ルカ福音書」九章二二節でも、イエスはみずからを「人の子」と呼んでいます。「人の子」としてこの世界に生まれた（受肉した）からこそ、イエスによるさまざまな苦難の経験や十字架の死は大きな意味をもち得たということだと思います。

さて、もしアリストテレス的に考えるなら、「人が人を生む」場合、生む人（すなわち父）と生まれた人（すなわち子）は、同一形相《ホモエイデース》ではあるけれども、それぞれの素材（質料）が互いに異なる別個の個体であるので、「二人の人」となります。対して、「神が神を生む」場合、父なる神も神の子も共に物質性を超越した霊的（精神的）な存在であり、素材（質料）なしに同一形相《ホモエイデース》であるので、「二なる神」ではなく「一なる神」である、そう考えるべきなのでしょうか。ここで「一つである」とは、どのような意味なのでしょうか。まさか、唯一の神が父と子をあたかも一人二役のように演じているとでも言うのでしょうか。[*1] あるいは、イエスの実在や受難というのは、単に私たちにそう「見える」だけの「見せかけ」に過ぎないのでしょうか。[*2] そのような疑念を払拭すべく新たに登場するのが「ヒュポスタシス」という概念です。

＊1　あくまでも単一の神が〈子〉や〈聖霊〉という様態を呈しているだけだという主張は、単一神論《モナルキア》（単一位格論）とか様態論（modalism）、あるいはその主唱者の名をとって「サベリオス主義」と呼ばれる。この考えによれば、父なる神が子として受難することになるので、「父神受難説」（patripassionism）とも呼ばれる。本章後半で登場するアンキュラのマルケロスは、こうした単一神論の立場に立つ。

＊2　このような主張は、「――のように見える（ドケイン）」というギリシア語に基づいて「仮現論」（docetism）と呼ばれる。その呼称の起源とみなされる使徒教父イグナティオスは、「スミルナの信者への手紙」二において、「彼〔イエス・キリスト〕は、真に甦ったように真に受難したのであって、誰か不信心な者たちが言うように、受難したように見えるというわけではない。彼らのほうこそ、そういう見せかけのあり方をしているのだ」と言って、その異端説を批判した。

オリゲネスはなぜ異端宣告を下されたのか？

「ヒュポスタシス」という語を初めてキリスト論で使用したのが、アレクサンドレイアのオリゲネス（一八五頃―二五四頃）です（意志堅固な人を意味する「アダマンティオス」という添え名が付されることもあります）。「ヒュポスタシス」の説明に入る前に、ここでオリゲネスの紹介をしておきましょう。彼は、第1章で紹介したクレメンスと並んでアレクサンドレイア学派を代表する人物で、エウセビオス『教会史』（Ⅵ・六）によれば、オリゲネスもクレメンスの生徒の一人だったと報告されています。三五歳ほど年長のクレメンスにオリゲネスが師事することは確かに可能ですが、その報告が事実であったかどうかは、それ以上の証拠がなく定かではありません。いずれにせよ、三世紀のごく初期、アレクサンドレイアにアンモニオス・サッカス*が開いた私塾でも学んでいたと伝えられる若きオリゲネスは、早くも二十歳過ぎには自らの私塾《ディダスカレイオン》を開くようになります。

＊　ギリシア語で「粗布製の袋を荷運びする者」という意味の「サッカース」という名で呼ばれていたことから、貧しい港湾労働者から身を起こしたと推測されるプラトン主義哲学者。アレクサンドレイアで始められた彼の哲学塾には、オリゲネスが学び、さらに二三〇年代前半には後に新プラトン主義を創始するプロティノスが学んだ。アンモニオス自身の哲学に関しては、

残念ながら詳しい記録は残っていない。

当時のアレクサンドレイア総督（属州長官）アクイラ（アキュラ）のキリスト教迫害は過酷をきわめ、信徒はいつ殉教してもおかしくない悲惨な状況に置かれていました。オリゲネスの教え子たちも例外ではなく、次々に殉教していきました。しかし、そのような迫害のただ中にあってさえ、オリゲネスは豪胆にも教理教育と聖書研究に邁進し続けました。その後、味方であるはずのキリスト教会内の軋轢によってアレクサンドレイアを追われ、パレスチナのカイサレイアに拠点を移して以降も、彼は膨大な聖書注釈と後世に多大な影響を及ぼす神学を紡ぎ上げました。とりわけ、最良のギリシア語訳旧約聖書に近づくために、「七十人訳」のみならず、二世紀以降にユダヤ教内部で作成された三つのギリシア語訳、さらにヘブライ語原典およびそのギリシア語音写版の六つを併記した『ヘクサプラ』（六欄組対照聖書）は、聖書学の創始者と呼ばれるにふさわしい偉業です（残念ながら、断片しか残っていません）。オリゲネスは、その他にもキリスト教の観点からギリシア自然哲学を詳細に解釈した『諸原理について』（ギリシア語原典は大部分が失われましたが、ルフィヌスによるラテン語訳が残っています）を書く一方で、エピクロス主義者ケルソスによるキリスト教批判に対する晩年の護教の書『ケルソス駁論』を著し、さらには『ヨハネ福音書注解』などの聖書注解書をはじめ夥しい数の著作を世に送り出しました。

しかし、これだけ偉大な業績を残したにもかかわらず、オリゲネスは、その死後およそ三〇〇年を経た五五三年のコンスタンティノポリス公会議において異端宣告を受け、著書の大半が破棄されるという数奇な運命に見舞われることとなります。

一体どうしてそんなことになってしまったのでしょうか。

そもそも彼が最初にアレクサンドレイアを追放されたのは、あくまで彼の生前の話で、いわば「出る杭は打たれる」の典型と言えます。当時、無届けで去勢することが許されていなかったにもかかわらず、「天の国のために自ら去勢者《エウヌーコス》となった」（マタ一九・一二）オリゲネスのある種エキセントリックで禁欲主義的な性格が少なからず影響したのかもしれません。しかしそれ以上に、その名声のゆえに各地から講話を求められ、挙句に他所《よそ》の（カイサレイアとエルサレムの）主教から勝手に司祭叙階を受けたことが（エウセビオス『教会史』Ⅵ・八）、アレクサンドレイアの主教デメトリオスの妬みの火に油を注ぐ決め手となり、追放に至ったものと思われます*。

＊　この他にも、悪魔さえもが終末時には救われることを含意した、いわゆる「万人救済説」をオリゲネスが主張したという非難があったとされる。しかし、この告発はあくまで改竄された討論記録に基づいたもので、「万物が彼に服従させられたその〔終末の〕時、〈子〉自身も、万物を彼に服従させた方に服従するだろう。神がすべてにおいてすべてとなるために」（Ｉコリ一五・二八）というパウロの言葉にオリゲネスが付した、それ自体問題のない聖書解釈が歪曲され、誤解された結果に過ぎず、この告発が追放の直接の原因というわけではない。

しかし、本人不在の死後にも根強い反オリゲネス運動の止むことはなく、ついには、時の皇帝ユスティニアヌスによって五四三年と五五三年の二度にわたる異端宣告が下されるに至っては、もはやオリゲネス個人の問題とは言い難く、「オリゲネス論争」という教会を二分する内部抗争と言っても過言ではありませんでした。言い換えれば、オリゲネスの後世に与える影響はそれほど大きかったということです。

実際、オリゲネスの死後、彼の教説への非難は各地に飛び火していきましたが、そうした反オリゲネスの動向を決定的なものにしたのが、サラミスのエピファニオスが三七〇年代後半に著した網羅的な異端論駁書『パナリオン』（異端の毒に抗するための薬を収めた「薬籠」の意味）です。この浩瀚《こうかん》な異端論駁の書で取り上げられた異端の数は八〇にのぼり、集められる限りの関連文献が渉猟された異端思想の資料集成として、他にあまり資料のない異端思想を知るには確かにとても有用な書物と言えます。しかしその一方で、そうした同書所収の諸資料が、信憑性や精度の如何にかかわらず無批判に収集され、十分な吟味もなされないまま寄せ集められたとしか言いようのない代物《しろもの》であることもまた確かです。言い換えれば、エピファニオス自らが確信する正統思想に反するとみなされる限り、たとえそれが実際に異端とは言い難い教説であったとしても、収集された膨大な資料を恣意的に切り貼りすることによって、ことごとく異端に仕立て上げられていったものと思われます。中でも、広く異端として知れ渡っていたマニ教やアレイオス派と並んで多くのページが割かれていたのがオリゲネスでした。

そこでは、オリゲネスの教説のうち、彼自身の主張というよりは後代のオリゲネス主義者たちに起因するようなキリスト従属説や魂の先在説、さらに復活論が異端として告発されています。従属説に関しては、エピファニオスの告発のせいでオリゲネスは長い間、アレイオス主義の先駆者ないしは始祖とみなされ、異端者の中でももっとも罪深い者として断罪されてきました。もちろん、それはまったくの事実誤認に過ぎません。また、最初の砂漠の師父アントニオス（二五一頃―三五六）以降活発になったエジプト修道院運動において、四世紀末頃からオリゲネス派の修道士と反オリゲネス派修道士との対立が激化した結果、プラトン主義的なオリゲネスの魂の先在説が槍玉に挙がりましたが、実はそれは過激なオリゲネス派の修道士たちのものでした。復活論にしてもしかりです。現世での肉体が単純にそのまま甦るとする物質主義的な復活観に立つエピファニオスには、不敬虔な者の甦りを認めないオリゲネスの厳格で精緻な復活論を理解することはできず、せいぜい彼が「死者の復活を不完全なもの」（『パナリオン』六四・四・一〇）として否定していると非難するのが関の山でした。

確かに「火のないところに煙は立たない」と言われるように、オリゲネス自身に異端嫌疑の要因が皆無だったというわけではないでしょう。しかし、オリゲネスのように多作な著作家が折々に著した一連の聖書解釈や神学的思索を、その執筆時期や当該テクストの文脈から切り離し、一種のドグマとして固定化していくことの不毛さを「オリゲネス論争」は教えてくれているように思います。とりわけ、オリゲネスのように聖書に真摯に向き合い、聖書そのものをテクストとして深く研究すると同時に、聖書解釈に資するためであれば、たとえ論敵の主張であっても公正かつ理論的に吟味する開かれた多元主義的な学的態度をこそ私たちは彼から学びたいと思います。

さて、以上のような経緯を振り返れば、「教父」と呼ばれるための神学上の厳密な条件の一つに「正統性」が掲げられている以上、いったん異端の烙印を押されたオリゲネスが教父とはみなされない時代が長く続いたことはやむを得ないことでした。しかし、その後の教父研究の進展に伴い、現在ではその偉大な功績から彼を教父とみなすことがごく一般的となっています。

彼の聖書解釈にどれほどプラトン主義が影響を及ぼしたかは、今でも研究者間で意見の分かれるところはありますが、その他にも、旧約聖書からの影響はもちろんのこと、ユダヤ教徒フィロンからも大きな影響を受けたものと思われます。さらに、旧約第二正典の一つである「知恵の書」からの影響は大きく、そこでは「知恵」を「神の力の息吹であり、全能者の栄光の純粋な発出」（七・二五）、また「永遠の光の輝き」（七・二六）と記述しています。これはパウロ書簡における〈子〉イエスの記述を解釈する際の要《かなめ》と言えます（さらにこの「知恵の書」の記述は、オリゲネスの「ヘブライ書」注釈にも活用されます）。

そこでの「神の力の息吹」という発出（流出）のメタファーを手がかりに、オリゲネスは四世紀を通じて論争を巻き起こすことになる鍵概念の一つ、「ヒュポスタシス」を説き起こしていきます。彼はこの語を、①単に思惟においてだけ実在すると理解されるものに対して、それ自体として（客観的に）実在するものとして、しかも、②「個的で限定された実在」として、「真の実在」を意味表示するために用いたと考えられます。

〈父〉と〈子〉は二つの「ヒュポスタシス」

「ヒュポスタシス」とは

「ヒュポスタシス」というギリシア語は、動詞ヒュフィスタナイ（ラテン語 subsistere）の第二アオリスト（過去）形・不定詞ヒュポステーナイから派生した名詞形ですが、その一般的な語義は、その動詞の中動相の「基に存する」という意味と能動相の「支える」という意味から派生したものです。前者からは、「基に存するもの」として「沈澱物」「堆積物」、さらには「基礎*」という意味が、後者からは、心理的に「支えるもの」として「確信」という意味が派生しました。「ヒュポスタシス」が初めて哲学的な意味で使用されたのは、ストア派のポセイドニオスからであるとされますが[7]、それ以降もストア派において「ヒュポスタシス」は、「客観的・具体的に現象として露わになる現実存在」として、人間の独立した思考領域を表示する概念「エピノイア」と対比される術語的意味を担うことになります。

＊　オリゲネスにおいても、「ヒュポスタシス」が「基礎」という一般的な意味で用いられる場面がある。たとえば、「〔〈ロゴス〉に与っていないものも有する見せかけの生命ではなく、〈ロゴス〉に与った真の〕この生命が我々の内に生じた時には、覚知（グノーシス）の光の基礎（ヒュポスタシス）となる［fundamentum lucis cognitionis］」（『ヨハネ福音書注解』Ⅱ・二四・一五六。

なお〔 〕内はミーニュ版のラテン語訳）。

聖書での用例に目を移せば、新約では五箇所の用例（内四例は「確信」という一般的な意味）の内、「ヘブライ人への手紙」一章三節「〈子〉は栄光の輝きであり、神のヒュポスタシス〔実質存在〕のしるしである」という用例が、また七十人訳旧約では二〇例の内、「知恵の書」一六章二一節「あなた〔神〕のヒュポスタシス〔実質存在〕が子供らへのあなたの優しさを表した」という用例が、共に神学的に重要です（「ヘブライ人への手紙」同箇所へのオリゲネスの解釈に関しては、本書158頁を参照のこと）。[8]

では、オリゲネスにおいて「ヒュポスタシス」は一体どのような意味で用いられていたのでしょうか。少なくとも、オリゲネスの時代はもちろんのこと、ニカイア公会議（三二五）の頃に至っても、古代ギリシア以来「真に存在するもの」を意味していた「ウーシアー」と、哲学的な用語としてはそれより後発の「ヒュポスタシス」の意味の区別がなされていたわけではありません。それは四世紀中葉においても同様で、これら二つの概念は未整理のまま混用されていました。おそらく、哲学的に両概念の区別を明確に規定できるようになったのはニュッサのグレゴリオスに至ってからではないかと思います（「ヘブライ人への手紙」同箇所へのオリゲネスの解釈に関しては、本書158—161頁を参照のこと）。

哲学概念「ウーシアー」の神学への転用

「ウーシアー」という語は、もともと「人が所有するもの、財産」を意味するごく一般的な語彙でしたが、「ある、存在する」を意味する動詞エイナイ（ラテン語なら esse）との明確な語源的繋がり（おそらく、その動詞の女性分詞形ウーサからの派生）によって、哲学の術語としても使用されるようになったものと思われます（本書第1章で、プラトンのイデアが「真実在」（ウーシアー）と呼ばれていたことを思い出してください）。「ヒュポスタシス」と違って「ウーシアー」には聖書における用例はなく、その意味では純然たる哲学用語でした。それを教父たちが借用するようになっていったわけです。

しかし、哲学においてもその意味内実を明らかにしようとすると、その一義的な確定は必ずしも容易ではありません。さしあたり、「ある」「存在する」を意味する動詞との関連をつけて図式化すれば、「ウーシアー」には主に二つの意味領域があると言えます。

①不定詞形（「あること」、存在）に対応する極めて一般的な性格特性、たとえば実在性や現実性を表示する抽象的な意味領域。
②分詞形（「あるもの」、存在者）に対応し、およそリアルに実在する事物すべてを表示する具体的な意味領域。

言い換えれば、前者は「xが何であるのか」という問いに対応し、後者は「xが存在するのか（xがあるのか）」という問いに対応すると言えるでしょう。こうした意味の区分をもっとも明確に示したのがアリストテレスで、彼の『形而上学』では、こう纏められています。

> 要するに、「ウーシアー」は二通りの仕方で語られる。すなわち、その一つは、もはや他のいかなる基体〔主語となるもの〕の述語ともならない究極の基体（ヒュポケイメノン）であり、他の一つは、〔そうした基体のうちに内在する〕「この何か」であって離存可能なもの、すなわち各々のものの型や形相である。
>
> （アリストテレス『形而上学』Ⅴ・八・一〇一七b二三―二六）

ここでの「離存可能なもの」とは、(a)「何があるか」という問いに対応する究極の基体、すなわち形相と素材（質料）の結合体である個体が「端的に独立・離存するもの」であるのに対して、(b)「何であるか」という問いに対応する型や形相が、「説明規定《ロゴス》において離存可能なもの」すなわち思考においてのみ独立・離存するものとして理解されます。

要するに、具体的な個体（その意味での基体）か、あるいはその個体が何であるかを規定する形相つまり本質、そのいずれもが「ウーシアー」と呼ばれたわけです。教父たちは、そうした哲学的（存在論的）な用語である「ウーシアー」を、キリスト論、さらには三位一体論といった教義を確立していくための一種の道具立てとして、ギリシア哲学から取り入れてきました。

本質存在《ウーシアー》と実質存在《ヒュポスタシス》

いずれにせよ、概念的に未整理で混乱した時代とはいえ、「ウーシアー」と「ヒュポスタシス」の両概念に何らか差異を見出そうとしたからこそ、オリゲネスは「ヒュポスタシス」概念を導入したわけです。したがって、私たちは、とりあえず、「ウーシアー」を「本質」ないし「本質存在」、「ヒュポスタシス」を「実質」ないし「実質存在」と訳し分けた上で、その意味するところを詳しく考察していきたいと思います。

まず、オリゲネスの『諸原理について』に登場する用例から見ていくことにしましょう。

> 〈子〉は、精神《メンス》から発する〈父〉の意志《ヴォルンタース》のように、確かに〈父〉から生まれたものである。それゆえ、〈父〉が欲するものが存在するためには、〈父〉の意志があれば十分であるに違いないと私は思う。というのは、〈父〉が意志するときには、意志の決定によって生み出されたもの以外は何も用いられないからである。したがって、このようにして〈子〉の実質存在[subsistentia＝ヒュポスタシス]も〈父〉から生まれるのである。
>
> （オリゲネス『諸原理について』I・二・六）

前述したように、『諸原理について』はギリシア語原典が大部分失われ、かろうじてルフィヌスによるラテン語訳が残っているだけなので、ここでも「ヒュポスタシス」の代わりにそのラテン語訳である subsistentia が使われています。注目すべきは、〈父〉の精神がなんらかの意志を生み出す（つまり欲する）ように、〈子〉は〈父〉によって意志されたものとして、〈父〉から生み出され、その「実質存在」を得ると言われている点です。言い換えれば、馬が馬を生み、人が人を生むように自然本性的で生理学的な仕方で、〈子〉なる神は〈父〉なる神から生まれたのではない、というわけです。この考え方は、〈父〉と〈子〉の関係を精神的な活動と類比している点で、一見すると「神のロゴス」説の焼き直しのようにも思われます。しかし、『ヨハネ福音書注解』においてオリゲネスは、その点についてこう述べています。

> 彼らは〔キリストの名として「ロゴス」を第一とみなし〕頻繁に「私の心は善き言葉（ロゴス）を発した」（詩四四・一）という言葉を引用する。彼らは神の〈子〉が、あたかも音節のうちに存する〈父〉の発声であるかのように考えている。この点にもとづいて彼らに詳しく尋ねると、彼らは〈子〉に実質存在（ヒュポスタシス）を与えず、〈子〉の本質存在（ウーシアー）を——我々は、どのような本質かではなく、なんであれとにかく何らかの本質のことを言っているのだが——解き明かしはしない。（オリゲネス『ヨハネ福音書注解』Ⅰ・二四・一五一）

オリゲネスはここで、〈子〉が単に発話された神のロゴスと理解される限り、〈子〉は実質存在《ヒュポスタシス》をもつことができず、その限りで〈子〉の本質存在も明らかにならないと主張することによって、「神のロゴス」に関する「二つのロゴス」説を明確に否定しています。それどころか、〈子〉が実質存在《ヒュポスタシス》をもつということは、〈父〉と〈子〉が明確に「個体（基体）」として区別され、両者は数的にも異なる、つまり「二つの実質存在《ヒュポスタシス》」となるということを意味します。たとえば『ケルソス駁論』では、「真の〈父〉〔なる神〕と真の〈子〉〔キリスト〕は、実質存在《ヒュポスタシス》においては二つのものであるが、他方で同意と調和、さらに意志の同一性によって「一」でもある」（Ⅷ・一二）と主張されています。このように主張することよって、（本書第1章で触れた）ユスティノスがロゴスの人格神化によって示そうとしたことを、オリゲネスは、具体的・現実的な個体性（個別存在性）を明確に表示し得る哲学的な存在概念「ヒュポスタシス（実質存在）」をキリスト論に導入することによって見事に実現してみせたのでした。このように、〈父〉と〈子〉、さらには〈聖霊〉の区別を、その各々に固有な存在性に基づいて明確化し得たことは、教理神学上、オリゲネスの画期的な功績と言えるでしょう。

しかし、かくの如きオリゲネスであってさえ、本質存在（ウーシアー）と実質存在（ヒュポスタシス）の明確な意味の区別はまだなされていませんでした。

実際、他のものにおいて示されるように、もし個体（ウーシアー）や基体（ヒュポケイメノン）という点で〈子〉が〈父〉と異なるならば、祈らねばならないのは、〈子〉にであって〈父〉にではないのか、あるいは両方にであるのか、それとも〈父〉だけにであるのか。

（オリゲネス『祈りについて』一五・一）

この引用のように、「ウーシアー」を「基体」（様々な属性の基に措定された《ヒュポ・ケイメノン》個的実在）の意味でとるならば、それは個体に固有な実質存在（ヒュポスタシス）となんら異なりはしません。しかし、もし実質存在《ヒュポスタシス》において異なる〈父〉と〈子〉が本質存在《ウーシアー》においても異なるとすれば、〈父〉と〈子〉は、一体どのようにしてふたりの神ではなく、一なる神であり得るのでしょうか。ここに至って、かつてユスティノスが直面した難題、すなわち数において異なる離存した二つの実質存在《ヒュポスタシス》が一なる神であることの厳密な論証は、オリゲネスのみならず彼以降の教父たちにとってもまさに喫緊の課題となっていったのでした。

2 〈父〉と〈子〉はいかなる意味で一神なのか？

「私（＝〈子〉）は〈父〉と一つである」（ヨハ一〇・三〇）

同じ一神教でありながら、キリスト教がユダヤ教と決定的に異なるのがイエスの位置付けです。イエスを単なる預言者としてではなく、「キリスト」つまり救世主である「神の〈子〉」とみなすところに、キリスト教のキリスト教たる所以があります。しかし、やがてキリスト教内部においても、〈父〉なる神と〈子〉キリストの関係が問題となってきました。とりわけ、あくまでも神の唯一性を強調したいユダヤ主義的な立場の人たちにとって、〈子〉キリストは、いわば神が被る仮面のごときものに過ぎないと思われていました。この「仮面」とか「顔」を意味するギリシア語が「プロソーポン」で、そのラテン語訳が「ペルソナ」です。確かにオリゲネスによって〈父〉と〈子〉は二つの実質存在《ヒュポスタシス》として明確に規定されましたが、その一方で、「実質存在《ヒュポスタシス》」と同じように〈父〉や〈子〉を指す用語として「プロソーポン」も使われるようになっていきます。三位一体の教義において、〈父〉〈子〉〈聖霊〉は「位格」と訳されますが、それは「ペルソナ」を和訳したものです（英語のperson〔人格〕の語源が「ペルソナ」ですから、「位格」とは、神のいわば「神格」のことと言えます）。

いずれにせよ、〈子〉キリストを「実質存在《ヒュポスタシス》」として認める一方で、〈父〉と〈子〉がふたりの神ではなく、あくまでも一なる神であることを、オリゲネスは一体どのように説いていったのでしょうか。

まずオリゲネスは、本章冒頭にエピグラフとして掲げた「私と〈父〉は一つである」（ヨハ一〇・三〇）という言葉を『ヘラクレイデスとの対話』において以下のように解釈していきます。すなわち、アダムとエヴァがもはや二人ではなく「一つの肉体になり」（創二・二四、マタ一九・五）、義人とキリストが「一つの霊である」（Ｉコリ六・一七）のと同じように、「救い主である主は、万有の父である神との関係において、一つの肉体でも一つの霊でもなく、肉体や霊よりもずっと上位にあるもの、すなわち一つの神である」と主張されます。〈子〉キリストの実質存在《ヒュポスタシス》を否定する単一《モナルキア》神論的な立場にも、〈子〉キリストの神性を否定する従属主義的な立場にも与《くみ》することなく、あくまでも〈父〉と〈子〉の一致の原理を「神性」に見ることによって、〈父〉と〈子〉が一なる神であるとみなされるわけです。しかし、両者それぞれがまったく等しく神であるとするならば、わざわざ〈父〉とか〈子〉などと表す必要などなかったのではないでしょうか。実際、〈子〉の実質存在《ヒュポスタシス》が〈父〉によってもたらされたと言われている以上、両者が神である〈あり方〉には違いがあるはずです。

その点をオリゲネスは次のようにうまく説明してくれます。

〔福音書記者〕ヨハネが、ある時は〔ある特定の語に〕冠詞を付け、ある時は冠詞を付けないのは、決してギリシア語の正確な用法を知らなかったからではなく、むしろ極めて慎重だったからである。たとえば、「ロゴス」という語には冠詞を付け、「神」という語には、ある時には冠詞を付け、ある時には冠詞をはずしている。ヨハネは、「神」という語が、万物の原因である「生じざるもの《アゲネートン》」という意味で用いられる場合には冠詞を付けるが、御言葉《ロゴス》が「神」と呼ばれる場合には冠詞をはずしている。

（オリゲネス『ヨハネ福音書注解』Ⅱ・二・一三―一四）

つまり、オリゲネスは冠詞付きの「神《ホ・テオス》」と冠詞抜きの「神《テオス》」を使い分け、神それ自体《アウトテオス》であり「唯一の真なる神」（ヨハ一七・三）である〈父〉を冠詞付きで「神《ホ・テオス》」と呼ぶ一方で、〈子〉を単に「神《テオス》」としか呼ばない、というわけです。その上で彼はさらに次のように主張しています。

神《ホ・テオス》は「真なる神」であり、この神にしたがって形作られた神々は、原型《プロートテュポス》の像のようなものである。しかしまた、多くの像のなかで範例《アルケテュポス》となる像は、神《ホ・テオス》のもとにいた言葉《ロゴス》（ヨハ一・二）、すなわち「初めに」あった言葉《ロゴス》（ヨハ一・一）である。言葉《ロゴス》は、神のもとにあることによって、常に神《テオス》であり続ける。

（オリゲネス『ヨハネ福音書注解』Ⅱ・二・一八）

以上のようにしてオリゲネスは、一方で「神」という語が〈父〉にも〈子〉にも述語づけられることによって、〈父〉と〈子〉が神という共通の本質存在《ウーシアー》を有することを示唆すると同時に、他方で〈子〉が〈父〉に自らの実質存在《ヒュポスタシス》を負っているという〈父〉への独特の依拠を、「神」にかかるわずか一文字の冠詞「ホ」の有無によって表現するという離れ業をやってのけたのでした。実に見事というほかありません（本書80頁参照）。

しかし、事はそれほど簡単ではありませんでした。オリゲネス自身も指摘しているように、〈父〉なる神は「生じざるもの」ないしは「生まれざるもの」であるのに対して、〈子〉キリストは「生まれたもの」と一般にはみなされています。しかし、もしそうであるとしたら、生まれざる〈父〉と生まれた〈子〉が果たして本質存在《ウーシアー》を共有していると言えるのでしょうか？ また、グノーシス主義者たちが用い始めた「ホモウーシオス」（同一本質）という語は、ニカイア公会議以降、三位一体論の教義には欠かせないものとなっていきますが、オリゲネスは、果たしてその語を〈子〉キリストと〈父〉の関係に適用したのでしょうか？

「生まれざるもの」と「生まれたもの」、「生じざるもの」と「生じたもの」

新約聖書には「公同書簡」（epistulae catholicae）と呼ばれる文書群があります。「書簡」と言われていますが、パウロ書簡のように、何処どこの信徒宛に書かれた具体的な手紙というわけではなく、いわば「普遍的な《カトリカ》教会（世界全体に遍く存在する教会）」に宛てて書かれた公開書簡という意味合いで「公同《カトリカ》書簡」と呼ばれています。ちなみに「普遍的な」という意味のギリシア語「カトルー」、ラテン語「カトリクス」は、「カトリック」の語源です。

その公同書簡の一つである「ヨハネの手紙一」にはこう書かれています（なお、この「ヨハネ」は、福音書記者ヨハネとは別人で、やたらと「愛する《アガパオー》」と言いたがる著者として知られています）。

　生んだ者〔すなわち〈父〉〕を愛する人は皆、その者〔〈父〉〕から生まれた者[*]〔すなわち〈子〉〕をも愛する。　（Iヨハ五・一）

＊　この箇所では、「生まれた者」という語は、「生む」（gennaō）の完了受動分詞形である -νν- 綴りの gegennēmenon が用いられている。

〈子〉キリストは、子である以上、当然、〈父〉なる神から「生まれたもの」なわけですが、ここでのポイントは、「生まれたもの」という表現が聖書に由来し、その意味で違和感のない言葉であるのに対して、これから考察していく〈父〉を「生まれていないもの（生まれざるもの）」や「生じていないもの（生じざるもの）」と言い表す仕方は、聖書由来の表現ではなく、きわめてギリシア哲学的な色合いの濃い言葉遣いだということです。その点では、ギリシア哲学から多くを学んだオリゲネスも、「〈神〉という語が、万物の原因である〈生じざるもの《アゲネートン》〉という意味で用いられる」（『ヨハネ福音書注解』Ⅱ・二・一四）、あるいは「我々は、〈父〉よりほかに〈生まれざるもの《アゲンネートン》〉はないと信じている」（同書Ⅱ・一〇・七五）などという調子で、躊躇うことなくその語を用いています。しかしその後、この言葉が大きな論争の火種になろうとは、当時の彼には知る由もありませんでした。

ギリシア語の「生む」という意味の動詞 gennaō（ゲンナオー）から派生した「生まれたもの」（gennēton, ゲンネートン）という形容詞を名詞化した語に、ギリシア語の否定の接頭辞 a- を冠したのが、「生まれていないもの」ないし「生まれざるもの」（agennēton, アゲンネートン）という語です。同様に、「―になる、生じる」という意味の動詞 gignomai から派生した「生じたもの」（genēton, ゲネートン）という語に、a- を冠したのが、「生じていないもの」ないし「生じざるもの」（agenēton, アゲネートン）という語になります。「生む」系の形容詞と「生じる」系の形容詞の綴り上の違いは、ローマ字でnと表記されるギリシア文字のν（ニュー）、カタカナ表記では「ン」一文字分の違いに過ぎません。このたった一文字の違いが写字生たちのケアレス・ミスを誘発し

(-νν- 綴り)　gennēton　agennēton
「生む《ゲンナオー》」系形容詞：「生まれたもの《ゲンネートン》」⟷「生まれていないもの《アゲンネートン》」
(生まれざるもの)

(-ν- 綴り)　genēton　agenēton
「生じる《ギグノマイ》」系形容詞：「生じたもの《ゲネートン》」⟷「生じていないもの《アゲネートン》」
(生じざるもの)

図3　「生む」系形容詞と「生じる」系形容詞

たことは想像に難くありません。写本伝承上も、この -νν- 綴りと -ν- 綴りの区別が著者によって意図的に区別されたものか、それとも単なる誤写に過ぎないのか、今もって非常に悩ましい問題であり続けています。

しかし、綴り以上に悩ましいのが、この両系統の語群の意味をどの程度区別すべきなのかという問題です。オリゲネスの頃は、綴り字の違いに頓着せず、両者をほぼ同義的に用いていたと見て間違いありません。実際、アレイオス論争の頃までは、「生まれていないもの《アゲンネートン》」や「生じていないもの《アゲネートン》」という語はもっぱら哲学的な用語として使われ、とりわけ、純然たる宗教よりも宇宙論の方に興味があったグノーシス派に愛好された語だったと言えるでしょう。ところが、アレイオス派の主張するキリスト論解釈において、それらの語に決定的な役割が託されたことによって、教会側はそれらの語を批判的に再検討せざるをえなくなり、そうした議論自体が専門的な神学の領域に持ち込まれるようになった、というのがおおよその事の推移です。当時、そうした批判的検討を精力的に行なったのがアタナシオスでした。

従来、「アレイオス（アリウス）論争」と呼ばれてきた四世紀の三位一体論およびキリスト論に関する論争については、その経緯を語ろうとすると優にもう一冊、分厚い本を書かねばならないほどなので、ここでは代わりに第1章でも登場願った教会史家のソクラテス・スコラスティコスの引用をざっと見ておくだけにしましょう。

　ディオクレティアヌス帝の治世下で殉教したアレクサンドレイアの司教ペトロスの後、司教職をアキラースが引き継いだ。アキラースの後、前述の平和の時期にアレクサンドロスが〔司教職を継承した〕。彼は恐れを知らぬ実行力で教会を教導した。ある時彼は、自身の教区の司祭やその他の聖職者たちの前で、三位の内に統一が存するということ、すなわち聖三位一体《ハギア・トリアース》の教えを、とても野心的に哲学的な仕方で語った。

　アレクサンドロスの教区の司祭の一人、弁証術的な議論に秀でていたアレイオスは、自らの司教がリビアのサベリオスの教義〔単一神論ないし様態論的な教え〕を説いていると思い、論争を求めてリビア人の見解とは真っ向から対立する立場を取った。彼は、自身が考えた通りに、司教が語ったことに対して以下のように強固に対抗した。すなわち、「もし〈父〉が、〈子〉を生んだのならば、生まれた者はその存在《ヒュパルクシス》の始まり《アルケー》〔の時〕をもつことになる。そうすると、〈子〉が存在しなかった時があったことは明らかである。したがって必然的な帰結は、〈子〉が無から[*1]の実質存在《ヒュポスタシス》をもつということになる」と。

（ソクラテス・スコラスティコス『教会史』Ⅰ・五）

要するに教会史家ソクラテスによれば、アレイオス論争の発端は、オリゲネス伝来のいわゆる「〈子〉キリストの永遠の出生」（〈子〉は生まれる以前の「まだ存在しない無の状態」の時がなく、永遠に〈父〉のもとに〈子〉として共存した）*2という教説を継承したアレクサンドレイアの司教アレクサンドロスに対して、アンティオケイアのアレイオスが真っ向から異を唱えたところにあったというわけです。(9) しかし、三二一年頃に始まったこの論争の顛末は、三二五年のニカイア公会議でアレイオス派を破門にしたことで終わったわけではありませんでした。アレイオス派によるその後の巻き返しは、やがてコンスタンティウス二世の後ろ盾を得て、三四一年のアンティオケイア教会会議においてついに反アレイオス陣営の先鋒アタナシオスを断罪するにまで至ります。このように長く尾を引いた泥沼のような論争が、一人の異端者（すなわちアレイオス）に端を発するかの如き短絡的な見方は、現在の研究水準からすれば、あまりに単純過ぎると言わざるを得ません。本書では詳しく説明する余裕はありませんが、この論争が、それまでに潜在していた神学的な諸々の伝統の対立や教会内の諸勢力の競合関係がそこにおいて顕在化し激化した複雑な出来事の連鎖・集積なのだということだけは銘記しておく必要があるでしょう。(10)

＊1　この部分のギリシア語を直訳すると「存在しないものから」(ex ouk ontōn) となる。同様の表現として、たとえば、「子よ、天と地に目をやり、そこにあるすべてのものを見て、それらを神が存在しないものから造ったこと、そして人間の種族もそうだということをおまえに知ってほしい」（七十人訳Ⅱマカ七・二八）に対応するラテン語訳ウルガタ聖書では、…… et intellegas quia ex nihilo fecit illa Deus et hominum genus というように「無から」(ex nihilo) と訳されている。一般に「無からの創造」と言われる場合も、ギリシア語では「存在しないものから」(ex ouk ontōn) という表現が用いられる。

*2　偉大な教会史家であると同時に真の意味でオリゲネス主義者であるカイサレイアのエウセビオスの以下の引用を参照されたい。「生まれたものである〈子〉とは、ある一定の時間は存在していなかったが、その後のある時に生じたものなのではなく、永続する時間より以前に存在する限りで〔万事万象に先んじて〕先在するものであり、〈子〉として〈父〉と永遠に共存するものである。また、〈子〉は「生まれていないもの」ではなく、「生まれていないものである〈父〉から生まれたもの」であり、独り子である」(『福音の証明』Ⅳ・三・一三)。

それでは、まずアレイオス派が〈生まれたもの《ゲンネートン》〉と〈生じたもの《ゲネートン》〉をどのように区別していたかから見ていくことにしましょう。アレイオス自身は、少なくとも私たちが目にすることができるテクストに関する限り、もっぱら -νν- 綴りの語彙を用いていたようです。たとえば、アタナシオスはアレイオスの言葉として、「我々は、本性の点で〈生まれたもの《ゲンネートン》〉〔という語〕に基づいて、神を〈生まれていないもの《アゲンネートン》〉と呼ぶ」(『会議について』一五・三)と引用していますし、アレイオス自身の手になるニコメーディアのエウセビオスへの手紙においても、「〈子〉は、彼が生まれ、造られ、〔その存在を〕基礎づけられる以前には存在しなかった。なぜなら、〈子〉は〈生まれざるもの《アゲンネートス》〉ではなかったからである」と述べられています。同様に、アレイオス派の人たちも、-νν- 綴りの「生まれたもの《ゲンネートン》」という語を用いていますが、アタナシオスによれば、彼らには「生まれたもの《ゲンネートン》」と「造られたもの《ポイエートン》」とを同義とみなす混同があったと言われています。つまり、アレイオス本人もアレイオス派の人たちも、〈子〉キリストを直接「生じたもの《ゲネートン》」とは呼んではいなかったように思われます。しかしその一方で、「生まれたもの」と「造られたもの」を敢えて混同することによって、「生まれたもの《ゲンネートン》」という語をあたかも-ν-綴りの「生じたもの《ゲネートン》」であるかのように示唆していた節が見受けられます。つまり、アレイオス派によれば、〈子〉は〈生まれざるもの〉としての神ではなく、あくまで〈生まれたもの〉として、その限りで〈生じたもの〉すなわち、〈造られたもの〉とみなされざるを得ないというわけです。

　このように、〈生まれざるもの《アゲンネートン》〉という語で神を呼ぶことによって、〈生まれざるもの〉であり得ない*1〈子〉をあくまで〈生じたもの《ゲネートン》〉の位置に貶めようとするアレイオス派に対して、アタナシオスは神を〈父〉と呼ぶことによって、〈子〉の〈生じたものでない《アゲネートン》〉固有性を際立たせようとしました。実際、アタナシオスは、被造物（主によって造られたもの）を指す場合には常に〈生じたもの《ゲネートン》〉という語を用いていましたし、〈生まれたもの《ゲンネートン》〉と〈生じたもの《ゲネートン》〉の区別にも自覚的でした。言い換えれば、〈生まれざるもの《アゲンネートン》〉である〈父〉なる神と、〈生じたもの《ゲネートン》〉である全被造物とを仲介する者として、*2〈生まれたもの《ゲンネートン》〉としての限りで〈生じざるもの《アゲネートス》〉である〈子〉キリストを位置付けることこそが、アタナシオスの目指すところだったと言えるでしょう。

＊1　なぜなら、〈子〉が「生まれたもの」である限り、〈子〉という同一の主語に「生まれたもの」と「生まれていないもの」という矛盾する語が同時に述語される論理的な不合理が生じてしま

うからである。

＊2　アレイオス派の主張を批判し、〈子〉を神と被造世界とを仲介するものとみなすアタナシオス的考え方は、五世紀の教会史家テオドレトスによっても記されている。「〈父〉がそれを介して全被造物を造った神の〈ロゴス〉の唯一の〔独り子としての〕本性が、それら〈父〉と被造物と〕の間を仲介している。その独り子の本性とは、まさに〈父〉自身から生まれたものである」(『教会史』Ⅰ・四・四四)。

一見すると、キリスト論を支える〈子〉と〈父〉という表現はなんとも素朴で幼稚な比喩に聞こえるかもしれませんし、その家父長的なニュアンスが気になるかもしれません。しかし、実はこの〈父〉と〈子〉という考え方こそが、ギリシア哲学やグノーシス主義から導入された「生まれざるもの」・「生じざるもの」・「生じたもの」といった一連の概念によって、〈子〉キリストの神性が脅かされかねない事態に対抗し得るきわめて強力な切り札だったのです。そのことをアタナシオスの以下の証言によって確認しておきましょう。

実際、彼〔キリスト〕自身も自分が誰の〈子〉かを知っていて、こう言った。「私が〈父〉のうちにあり、〈父〉が私のうちにある」(ヨハ一四・一〇)、また、「私を見た者は〈父〉を見た」(ヨハ一四・九)、さらには「私と〈父〉は一つである」(ヨハ一〇・三〇)と。彼が〈父〉を〈生じざるもの〉と呼んでいる箇所は、明らかにどこにもない。むしろ、我々に祈ることを教える時、彼は、「あなた方が祈る時は、『〈生じざるもの〉である神よ』と呼びなさい」と言ったりはせずに、むしろ「あなた方が祈る時は、『天におられる我らの〈父〉よ』と呼びなさい」と言ったのである。

（アタナシオス『アレイオス派駁論』Ⅰ・三四・三）

3　「ホモウーシオス」（同一本質）をめぐって

ニカイア公会議前夜

アレイオス論争関連の文書の示すところでは、「本質存在《ウーシアー》」や「同一本質《ホモウーシオス》」という用語自体は、確かに論争の初期の段階から議論に登場していました。しかし、それらが対立のそもそもの焦点ではありませんでした。むしろ、アレクサンドレイアの司教アレクサンドロスの「〈子〉は〈父〉と同じく永遠である」というオリゲネス以来の教説を、アレイオスが拒否したところから論争が始まったのでした。アレイオス自身も、〈子〉キリストの起源が時間の生じる以前「あらゆる時代の前《プロ・クロノーン》、世々の前《プロ・アイオーノーン》」、つまり「時間の外」の問題であることは十分自覚していましたが、彼の論点はあくまで、無始原《アナルコス》なのは〈父〉なる神のみであって、〈子〉はたとえ時間的な意味ではないにしても始原《アルケー》をもち、その限りで無から生じた、というところにありました。

次いで、そこからの論理的な帰結として、〈父〉は必然的に〈子〉より優れた位階にあり、〈子〉が〈父〉から出たのは、〈父〉なる神の本質存在《ウーシアー》からでなく、〈父〉の純粋な意志による行為からであるという、一般に「**従属説**」と呼ばれる教説が提示されるに至りました。この段階に至って、初めて「〈子〉は〈父〉の本質存在《ウーシアー》をもたず、〈父〉と〈同一本質《ホモウーシオス》〉ではない」という命題が登場するようになったわけです。

いずれにせよ、あくまで〈父〉の〈子〉に対する優位性を主張し、「我々が認めるのは、唯一〈生まれざるもの〉にして唯一無始原なるところの一なる神である」というように、不生性、無始原性をその論拠にしていたアレイオスでしたが、ニカイア公会議直前には、本質存在《ウーシアー》および「同一本質《ホモウーシオス》」が両陣営の主張の不一致点として大きくクローズアップされるまでに論争点はシフトしていったようです。

もちろん、事はさほどに簡単ではなく、こうしたアレイオスをめぐる動向の背後に、たとえばカイサレイアのエウセビオスらを、〈父〉と〈子〉の「二つの本質存在《ウーシアー》」という論点から攻撃していたアンキュラのマルケロス（不詳―三七〇年代前半）の影響が大きく働いていたことも確かです。こうした事実は、アレイオスの異端説を告発すべく開かれたニカイア公会議において作成されたニカイア信条に明らかに見出されます。

ニカイア信条とは

「信条」（正教では「信経」）とは、「私は信じる」を意味するラテン語の「クレド」に由来する言葉です。ですから、その限りでは個人的な信仰の告白を意味しています。しかし、コンスタンティヌス一世のミラノ勅令によるキリスト教の公認（三一三）を経て、やがて三九二年にテオドシウス一世によってローマ帝国の国教に定められていくキリスト教が、文字通り世界宗教として広く布教されていくにあたっては、その教義や信仰の正統性の確立がなによりも求められるようになり、「信条」は一種の信仰の規範となっていきます。そこで、信条の確立のために、また後には信仰や教会活動の規範を策定するために、全キリスト教世界各地の教会の司教たちが集まって「**公会議**」（concilium oecumenicum）が招集されるようになりました。その第一回が三二五年に開催されたニカイア公会議であり、そこで決議されたものがニカイア信条というわけです。まずはそれから見ていくことにしましょう（詳細な記録が失われた今、ニカイア信条本文は、教会史家や教父らの著作に再録されたものを参照するしかなく、ここで挙げる版も、カイサレイアの司教バシレイオス（三三〇頃―三七九）の書簡一二五に完全な形で収められたものから抜き出したものです）。

私たちは一なる神、全能の父、見えるものと見えないものすべてを創造したものを信じる。また、私たちは一なる主イエス・キリスト、神の子、〈父〉から生まれた独り子、すなわち〈父〉の本質《ウーシアー》存在から「生まれたもの」を信じる。神からの神、光からの光、真の神からの真の神、「生まれたもの」であって「造られたもの」ではない、**〈父〉と同一本質《ホモウーシオス》である**その方を。天と地にあるすべてのものはその方によって成った。主は、私たち人間のために、また私たちの救いのために降《くだ》り、肉となり、人間となり、苦しみを受け、三日目によみがえり、天に昇り、生者と死者とを審くために再び来たるのである。

私たちはまた、聖霊を信じる。
「〈子〉がいないときがあった」とか、「〈子〉は生まれる前には存在しなかった」とか、「〈子〉は無から生じた」とか、「〈子〉は〔〈父〉とは〕異なる実質存在《ヒュポスタシス》や本質存在《ウーシアー》から成る」と言う者たち、あるいは「神の〈子〉は変化し変異するものである」と言う者たちを、普遍的な使徒的教会は断罪する。

（バシレイオス『書簡』一二五）

この信条で信仰の対象として掲げられていた〈父〉、〈子〉、〈聖霊〉の三つの実質存在《ヒュポスタシス》（つまり三位格）が、どのようにして三ではなく一なる神とみなされることができるのか、それを説き明かすことが初期キリスト教神学者つまり教父たちにとっては、極めて大きな問題でした。とりわけ、〈子〉・キリストを被造物（造られたもの）とみなし、その神性を否定するアレイオス主義との論争は苛烈を極め、終息の気配すら見出し得ませんでした。しかし、そのような状況のなかで、アレイオス主義を断罪し、信仰の規範を打ち立てんとして作成されたのが、今見たニカイア信条だったわけです。したがって、最後のアナテマ部分（異端的見解を唱える者たちに破門を言い渡す部分）は言うまでもなく彼らアレイオス主義者に向けられたものです。*

＊　従来、アレイオス派に与するとみなされ、ましてやアンティオケイア教会会議において暫定的とはいえ断罪されたカイサレイアのエウセビオスの名が、なぜかアレイオス派を糾弾するためのニカイア信条の署名欄に見出される。一体どうして彼がその信条に署名するにいたったの

か、そのいささか口実めいた理由を自身の教区の信徒宛に綿々と綴った書簡が残されている。そこには、「ホモウーシオス」という語が付加された以外は、ニカイア信条が自らの奉じる東方パレスティナの信仰宣言文に準じたものに過ぎず、しかも「ホモウーシオス」という語さえも、皇帝自らの執り成しも含めて許容できる範囲のものだ、と説かれている。しかし実際には、ニカイア信条にはさらに①「父のウーシアーから（生まれた）」、②「真の神からの真の神」が付加され、逆に東方の信条では一般的であった③「すべての被造物の初子、すべての時代の前に（父から生まれた）」が削除されている。前掲のニカイア信条と以下の東方の信条とを比較参照していただきたい。

カイサレイアのエウセビオスが教区信徒に宛ててニカイア公会議の顛末を報告した書簡に掲げられた東方パレスティナの信条（信仰宣言文）

私たちは一なる神、全能の父、見えるものと見えないものすべての創造者を信じる。また、私たちは一なる主イエス・キリスト、神のロゴス、神からの神、光からの光、生命からの生命、すべての被造物の初子、すべての時代の前に父から生まれたものを信じる。すべてのものはその方によって成った。主は、私たちの救いのために肉となり、人間となり、苦しみを受け、三日目によみがえり、父のところに昇り、生者と死者とを審くために栄光につつまれ再び来たるのである。

私たちはまた、一なる聖霊を信じる。

（Opitz, *Urkunde* 22, 4）

ここで注目すべきは、ニカイア信条における太字の部分「〈父〉と同一本質《ホモウーシオス》である」その方

〈つまり〈子〉キリスト〉という箇所です。アレイオス論争が勃発した当初と異なり、公会議の開催された三二五年に至る頃には、論者たちの関心が、〈父〉なる神と〈子〉キリストが同一本質《ホモウーシオス》であるかどうか、つまり同一の神性を共有するかどうか、というキリスト論の核心に移動してきたことは、この文面からも明らかです。この「〈父〉なる実質存在《ヒュポスタシス》と〈子〉なる実質存在《ヒュポスタシス》が本質存在《ウーシアー》において同じである」という極めて哲学的な語彙を含んだ文を、一体どのような意味で解釈していくのか、というのがニカイア公会議以後のキリスト教世界を揺るがした一大論争となっていくことになります。

その後、ニカイア以後のアレイオス派の巻き返しと復権、その結果としてアレクサンドロスの死後（三二八）その跡を継いだアタナシオスやマルケロスをはじめとするニカイア右派の失脚に至るまでの波乱万丈の経緯、さらには、カッパドキア教父のバシレイオスやニュッサのグレゴリオスと新アレイオス派の俊英エウノミオスとの間で繰り広げられた精緻な議論の応酬が続きますが、残念ながら本書ではそこまでカバーすることはできません。本書が焦点を合わせているのはあくまでニカイア前夜までの展開ですし、なかでも本章の主人公とも言えるオリゲネスが「同一本質《ホモウーシオス》」という考え方にどこまでコミットしていたかが本節のテーマとなります。

「ホモウーシオス」のグノーシス的用法

これまで見てきたように、「同一本質《ホモウーシオス》」という語は、キリスト論の文脈においては、〈父〉なる神と〈子〉キリストが「同じ本質存在《ウーシアー》をもつ」という意味で用いられていました。しかし、ギリシア哲学に由来する「ウーシアー」という用語は、語源となる「存在」概念の多義性に応じて、「個体」も普遍的な「種」も意味することができる極めて翻訳困難な用語でした（本書125―126頁参照）。本書では、一応、暫定的に「本質存在」という訳語を当てていますが、文脈によっては「基体」ないし「個体」と訳すべき場面もあり、その場合は「実質存在《ヒュポスタシス》」とほぼ同義的に用いられていました。実際、「本質存在《ウーシアー》」と「実質存在《ヒュポスタシス》」の混同はニカイア信条の中にさえ見出されます。アナテマ部分で「〈子〉は〔〈父〉とは〕異なる実質存在《ヒュポスタシス》や本質存在《ウーシアー》から成る」という主張が異端として断罪されていますが、その後の正統教義の定式に照らして言えば、〈子〉が〈父〉と異なる実質存在《ヒュポスタシス》であることはまったく正統であるにもかかわらず、「実質存在《ヒュポスタシス》」と「本質存在《ウーシアー》」が同義的であるかのごとく混同された結果、異端とみなされています。そのような調子でしたから、「ホモウーシオス」という語についても、「ウーシアー」をどのような意味で理解しているかという点にまで注意して、その用例を調べねばなりません。

それでは、まず具体的な用例から見ていきましょう。これまでの研究によれば、「ホモウーシオス」という語は、二世紀後半のキリスト教グノーシス主義者によって導入されたものとみなされています。その初出は、おそらく**ヴァレンティノス派**のグノーシス主義者プトレマイオスの『フローラへの手紙』であると見られています（エピファニオスによる異端論駁書『パナリオン』に収録）。

一体いかにして、不生・不滅にして善である、万物の一なる原理《アルケー》から、悪魔の悪しき本性とデーミウールゴス〔制作者〕の仲介的本性という、〔善なる原理とは〕ホモウーシオスでない本性《フュシス》が生み出されたのか。善は自らと類似し、ホモウーシオスなものどもを生み、作り出す本性をもっているというのに。（『パナリオン』三三・七・八）

プトレマイオスがこの引用文の最後に引く「善が善を生む」という伝統的な考え方、たとえば、善き事柄の原因は善きものだという、プラトンの『国家』（379b―c）や『ティマイオス』（29e）などに見出される考え方に「ホモウーシオス」という語を重ね合わせたことを見ても、当時の読者には、「善が自らの本性と同じような本性《ホモウーシオス》のもの、すなわち善を生む」という意味での「ホモウーシオス」という語は決して奇異なものではなかったことがうかがわれます。

プトレマイオスはまた、下級女性神ソフィアと三つの存在階層（霊、魂、物質）をめぐる壮大な宇宙創成神話を著しましたが、彼と同時代のリヨンの司祭エイレナイオスは、自らの『異端反駁』においてその神話を詳細に報告してくれています。以下にその一部を抜粋しましょう。

　しかし、彼女（ソフィア）は、霊的なもの《プネウマティコン》を形作ることができない。なぜなら、それ〔霊的なもの〕は彼女とホモウーシオスであるから〔霊的なものとは、彼女が産んだ子のことである〕。……最初に彼女は、魂的なもの《プシューキケー　ウーシアー》から父すなわち万物の王を形作った。彼〔父〕は、自らとホモウーシオスなものども、すなわち魂的なものと、受動的な物質からなるものども、その両方の王である。……彼は前者すなわち魂的なものの父と呼ばれ、後者すなわち物質的なもののデーミウールゴス〔制作者〕と呼ばれ、……かくして万物の王と呼ばれるのである。

（エイレナイオス『異端反駁』Ⅰ・五・一）

　ここで、ソフィアとその子は共に霊的なものであるがゆえにホモウーシオスと呼ばれています。また、ソフィアによって魂的なものから作られた父と魂的なものも、共に魂的なものであるがゆえにホモウーシオスと呼ばれています。したがって、その意味するところは、霊や魂のような「同じ存在階層に存する」あるいはもっと端的に「同じ種《ウーシアー》の」というようなものだと思われます。つまり、以上の二つの引用において「ホモウーシオス」という語は、善は善を生み、霊的なものは霊的なものを生む、というように、それぞれの存在階層は自らと「同じ種の《ホモウーシオス》」ものを生むという意味で用いられていると言えます。

本章第1節でアリストテレスの「人が（同じ形相の《ホモエイデース》）人を生む」という用例を紹介しましたが（111―113頁）、ここでの「ホモウーシオス」もそれとほぼ同じ意味だと言えるでしょう。もしそうだとすれば、霊的なものが生む「同一種の《ホモウーシオス》」子は、別のもう一つの霊的なものであり、善なる原理が生む「同一種の《ホモウーシオス》」子は、別のもう一つの善きものということになるはずです。つまり、そこには二つの霊的なもの、二つの善きものがあることになります。したがって、そのような用法が、ニカイア信条における「同一本質の《ホモウーシオス》」という用法と異なるものであることは明白です。なぜなら、その信条において、〈子〉は〈父〉と同一本質《ホモウーシオス》であるがゆえに〈父〉とは別のもう一つの神なのではなく、〈子〉と〈父〉はあくまで一なる神であって、決してふたりの神ではないからです。

では、オリゲネスの場合はどうでしょうか。実は彼もまた、『ヨハネ福音書注解』において、プトレマイオスと同じヴァレンティノス派のヘラクレオンによる同書注解を批判するために引用していますが、その引用の方ではなく、オリゲネス自身が付したコメントの中で五度（第一三巻で二度、第二〇巻で三度）、「ホモウーシオス」という語を用いています。しかし、それらもまた、プトレマイオスにおける用法と同じく、「同一種の《ホモウーシオス》」という意味で用いられているに過ぎません。たとえば、「ヘラクレオンいわく、ある人たちが悪魔と同種なもの《ホモウーシオス》であるのは明らかである」（『ヨハネ福音書注解』XX・二〇・一七〇）というように。

では、従来のようなグノーシス的な用法と異なり、〈父〉なる神とその〈子〉キリストの関係を提示するために「ホモウーシオス」という語を初めて用いた事例は、オリゲネスにはなかったのでしょうか。実は一つだけそれとおぼしき箇所が、オリゲネスの弟子のパンフィロスが、師にかけられた異端という汚名をそそぐために書いた『弁明』という書物の中にあります。しかし、そこでの「ホモウーシオス」の用法が果たして〈父〉なる神と〈子〉キリストの関係に適用され得るものか否かについては、研究者の間でも意見が分かれています。

オリゲネスは「ホモウーシオス」という語を〈子〉に適用したか？

(1) オリゲネスの「ヘブライ書」注釈をめぐって

実は、このセクションの見出しの問い「オリゲネスは〈ホモウーシオス〉という語を〈子〉に適用したか？」は、一九七二年にリチャード・ハンソンが発表したパンフィロス『弁明』に関する論文のタイトルをそのまま借用したものです。ちなみに、一九九八年にマーク・エドワーズがその論文への論駁を試みた際の論文タイトルもまったく同一です。[11] この同じ問いに対し、ハンソンは「断固として否」、エドワーズは「然り」と正反対の答えを主張しています。両者にオリゲネス解釈上の違いがあることはもちろんですが、どちらの言い分にも十分説得力があるにもかかわらず、こうした真っ向から対立する結論に至ったのには理由があります。それは、オリゲネスの「ホモウーシオス」という語の使用について両者が問題にしているテクストが、彼の弟子パンフィロスによる『弁明』にほかならないからです。この書物は、師の主張の弁明書という性格上、その多くの部分がパンフィロスによるオリゲネスのテクストからの抜粋・引用によって構成されています。しかも、パンフィロスのギリシア語原本は散失してしまい、かろうじてオリゲネス信奉者のルフィヌスによるラテン語訳だけが残っているという、文字通りの「訳あり本」なのです。オリゲネスを信奉する弟子が師の著作を引用するも消失し、翻訳のみが残存するという二重、三重に間接化したこの書物に見出されるオリゲネス引用に、一体どれほどの証拠価値があるとみなすのか、その違いによって標題の問いに対する応答が異なるのもやむを得ない話かとは思います。

オリゲネスがニカイア公会議以前の教父たちの中でもっとも影響力の大きな教父であったことを疑う者は今では誰もいないと思います。ニカイア以後の教義確立期に活躍したカッパドキアの三聖人のうち、カイサレイアのバシレイオスとナジアンゾスのグレゴリオスは、オリゲネス文書からの抜粋集『フィロカリア』(ギリシア語で「善美なる神への愛」の意)を編纂しましたし、ニュッサのグレゴリオスもその著作の随所にオリゲネスの影響が見出されます。本書第3章で詳しく取り上げる三大教父、すなわち、アレイオス派に共感的であったカイサレイアのエウセビオス、対してサベリオス主義の立場を一貫して崩すことのなかったアンキュラのマルケロス、対極に立つこの二人の間であくまでニカイア信条の立場を固守したアタナシオス、これら三人は、立場は違えど三者三様に根っからのオリゲネス主義者と言うことができるでしょう。これほどの影響力を誇ったオリゲネスが、三位一体論教義のキーワードとも言うべき「ホモウーシオス」という用語を果たしてキリスト論的な文脈で〈子〉キリストに適用したのかどうかという問いは、確かに教義史的には極めて重要な問いとならざるを得ないでしょう。

いずれにせよ、問われるべきは『弁明』の内容です。この書では、オリゲネスに向けられた一〇の批判を、オリゲネス自身の言葉に訴えることによって退けていくことが目指されています。あくまでオリゲネス自身による自己弁明という体裁をパンフィロスは狙っているのですが、その点に対して、強力で包括的な懐疑の姿勢をとっているのがハンソンです。ハンソンの主張は以下の四点に集約できると思います。

（1）我々の唯一の証拠は、擁護者〔パンフィロス〕や熱烈な支持者である訳者〔ルフィヌス〕に依拠したものである。彼らはいずれも容易にオリゲネス寄りの証言を後から挿入することができただろう。

（2）「ホモウーシオス」という用語の使用は、パンフィロスの議論と必ずしも密接に結びついてはいない。

（3）もしパンフィロスの証言が真正であるなら、それは、オリゲネスが「ホモウーシオス」を三位に適用した唯一の箇所ということであるだろう。しかし、あれほど大量の注釈を繰り返し行なっていたオリゲネスなのに、他の著作のいかなる箇所にも『弁明』と同じ適用例が見出せないという事実は、同書の証言の真正性に疑念を懐かせる。

（４）もしオリゲネスがそのようにこの語を適用したならば、なぜその語は無視され、実際、彼のもっとも名の知られた弟子たちによって避けられてきたのか、その理由を理解することが困難である。

ハンソンの懐くこれらの疑念に対して、エドワーズは以下のように逐一反論していきます。

（１）パンフィロスが『弁明』を書いた時点では、まだ「同一本質《ホモウーシオス》」という概念が三一神論におけるる正統性の試金石とはなっておらず、師の弁明のために敢えてこの語を挿入するメリットがなかった。その点、確かにルフィヌスには、翻訳に際して改竄する動機と手段があったといえるが、「同一本質《ホモウーシオス》」という用語が意味する〈父〉と〈子〉の関係性を既にオリゲネスがこれまでも十分に示唆していた以上、この用語を挿入するためだけにテクストを改竄する意味があるとは到底思えない。

（２）この点はもっとも本質的で強力な指摘であるとエドワーズも認めており、テクストに即した詳細な検討が必要なため、後ほど改めて取り上げる。

（３）当該箇所が、「ヘブライ書」に関してオリゲネスが唯一注釈を試みた箇所であるという事実によって、他の著作に類例が見出せないことの説明がつく。

（４）オリゲネスは、二つの神聖な実質存在《ヒュポスタシス》の一性を説明するために「同一本質《ホモウーシオス》」という語を用いたが、彼はそれをあくまで類比的に用いたのであって、決してそれをドグマ的な定式として提示したわけではなかった。カイサレイアのエウセビオスのような高名な弟子たちは、その点を理解したがゆえに、直接、「同一本質《ホモウーシオス》」という語を神性に適用することを回避したものと思われる。

以上のように、いずれの論点においても両者の主張は拮抗していますが、本書としては、両者どちらに軍配を上げるかということにはあまり頓着せずに、むしろ問題の『弁明』のテクストの一部を直接参照することによって、二人の主張、とりわけ（2）の論点に関して私たちなりの理解を得られるようにしたいと思います。

ただし、ここで注意しておかねばならないのは、これから検討する引用文においてルフィヌスがラテン語 substantia 一語で訳した元のギリシア語は、文脈によって「本質存在《ウーシアー》」（substantia-o と表記）と「実質存在《ヒュポスタシス》」（substantia-h と表記）に訳し分ける必要があるという点です。「ホモウーシオス」と関連づけて語られている時は「本質存在《ウーシアー》」（substantia-o）と訳したほうがよいでしょうが、「ヘブライ人への手紙」（一・三）と関連づけて語られている時は、そこで「神の実質存在《ヒュポスタシス》」が主題化されているわけですから、「実質存在《ヒュポスタシス》」（substantia-h）と訳されるべきでしょう。もちろん、オリゲネスやパンフィロスの時代には、「本質存在《ウーシアー》」と「実質存在《ヒュポスタシス》」の明確な区別がまだなされていませんでしたから、substantia 一語で訳すことにも無理はなかったものと思われます。

パンフィロス――「ヘブライ書」に関する彼〔オリゲネス〕の注釈では、果たしてどのような仕方で〈子〉が〈父〉とホモウーシオス、すなわち、〈父〉と一つの本質存在［substantia-o］ではあるが、他の被造物の本質存在とは異なっている、と言われるのか。……

オリゲネス――なにか言い表し得ない秘跡や神秘を通して、聖書が自らある特定の仕方を講じながら人間にそうした秘跡や神秘を宣べ伝え、詳細な理解を示唆しようと試みている。実際、蒸気（息吹）という語を導入する時、その語を物質的な領域から受容していたが、それはたしかに部分的にではあるけれども、何らか物質的な実体から発した蒸気との類比によって、一体いかにして知恵であるキリスト自身があたかも蒸気のように神自身の力から生じるのかを我々が理解するためである。このようにして知恵はそこ〔神の力〕から発するのであり、まさに神の実質存在［substantia-h］から生じるのである。それにもかかわらず、物質的な流出の類比によって、キリストは「全能者の汚れない栄光の流出である」（知七・二五）と語られる。いずれの類比も、〈父〉との本質存在［substantia-o］の共有が〈子〉に存することを明瞭に示している。というのは、「流出」とは明らかに「ホモウーシオス」、すなわち、流出する蒸気（息吹）が同一の本質存在［substantia-o］から発することだからである。

パンフィロス――かくして、以下のことが十分明らかに、また極めて確かに示されたと私〔パンフィロス〕は思う。すなわち、〔オリゲネスは〕神の〈子〉が神の実質存在［substantia-h］自身から生まれた、すなわち、「〈父〉と同じ本質存在［substantia-o］」を意味する「ホモウーシオス」なものである、と語っている。それは被造物でも養子でもなく、〈父〉自身から生まれた本性的に真の〈子〉である。

（パンフィロス『弁明』ミーニュ版[12]五八〇―五八一）

まず、ここで注釈されているのは、「ヘブライ人への手紙」一章三節「〈子〉は栄光の輝きであり、神の実質存在《ヒュポスタシス》のしるしである」という箇所ですが、その文言の解釈を「ホモウーシオス」と繋げるためにこの注釈に組み込まれたのが、旧約第二正典の一つである「知恵の書」の以下の箇所です。

知恵は神の力の息吹であり、全能者の汚れない栄光の流出である。それゆえ、汚れたものは何一つ知恵の中に侵入してはこない。

（知七・二五）

〈子〉の「栄光の輝き」を〈父〉なる全能の神の「栄光の流出」と類比的に解釈し、さらに「神の力の息吹」を、冬場に息が白くなるような、息すなわち蒸気の流出という物理現象と類比させることで、神から知恵すなわち〈子〉が生まれることと解釈しているわけです。確かに流出という物理現象であれば、たとえば源泉とそこから流れ出た水は、水という物質性をその本性として共有しており、同じように息を吐く人とそこから吐き出された息は、蒸気という物質性をその本性として共有しているわけですから、その限りで同じ本性を共有するという意味で「ホモウーシオス」とみなし得ることになります。

（2）どのような仕方で〈子〉は〈父〉とホモウーシオスと言われるのか？

そもそもパンフィロスは、「オリゲネスは〈子〉を〈生まれざるもの〉［innatus］と考えていた」（『弁明』ミーニュ版五七八）という師に対する第一の非難に反論するために、オリゲネスの「ヘブライ書」注釈を引用していたのですが、ハンソンとしては、その目的に対して「ホモウーシオス」を持ち出す議論は明らかに不整合だと言いたいわけです。まず、innatusというラテン語は、ハンソンの言う通り、「生じざるもの《アゲネートン》」ではなく、「生まれざるもの《アゲンネートン》」を意味しており、〈子〉がその実質存在《ヒュポスタシス》を〈父〉に依拠していないということを意味しています。実際、オリゲネスはもともと無からの生成を否定する意味で、〈子〉を「生じざるもの《アゲネートン》」と説いている以上、innatusはどうしても「生まれざるもの《アゲンネートン》」でなければなりません。しかし、そうだとすると、オリゲネスが「〈子〉は〈生まれざるもの《アゲンネートン》〉であって、〈父〉を始原として必要としていない」と主張している、という反オリゲネス派の非難を論駁するために、〈父〉と〈子〉が共通の本性を有しているという意味の「ホモウーシオス」を持ち出しても、ほとんど何の効果も意味もないのでないでしょうか。なぜなら反対派の前提による限り、〈父〉も〈子〉も共通に「生まれざるもの《アゲンネートン》」ということになってしまい、「ホモウーシオス」という概念はそうした相手側の言い分を論駁するどころか、むしろ追認するものでしかないからです。そのような無意味なことをパンフィロスがするはずはないので、「ホモウーシオス」という語は後からルフィヌスが挿入したに違いなく、その限りで、オリゲネスは「ホモウーシオス」という語を〈子〉に適用してはいない。これがハンソンの言い分です。

対してエドワーズは、引用の冒頭で、パンフィロスが「どのような仕方で〈子〉が〈父〉とホモウーシオスであるか」と明記している点に注目します。オリゲネスはもちろん、パンフィロスにとっても、「ホモウーシオス」という概念は、まだ三位の位格間の地位の等しさを意味してはおらず、単に属性や本性の共有という意味で捉えられています。したがって、「オリゲネスは〈子〉を〈生まれざるもの〉[innatus]と考えていた」という第一の非難を論駁するために、〈父〉と〈子〉は一体「どのような仕方で」本性を共有すれば、つまり「ホモウーシオス」であればよいのか、というのがパンフィロスの問題意識だったと思われます。

「どのような仕方で?」に対する答えは、私たちが既に見たように、〈子〉の「栄光の輝き」が〈父〉なる全能の神の「栄光」から流出するのと類比的な（類似した）仕方で、あるいは「神の力の息吹」が蒸気として神から〈子〉へと流出するのと類比的な仕方で、〈父〉から同じ本性の〈子〉

の〈父〉が生まれることだ、ということになります。その際、〈子〉は、「生まれざるもの」としての〈父〉の実質存在《ヒュポスタシス》から生まれる限り、輝きや蒸気の流出と類比される仕方で、〈父〉と同じ本性《ホモウーシオス》のものとなりますが、それはあくまで「生まれた《ゲンネートス》」〈子〉としてであって、決して「生まれざるもの」(innatus)としてではありません。つまり、オリゲネスはそのように限定された意味ではありますが、「ホモウーシオス」という語を〈子〉に適用しており、しかも、〈子〉が「生まれざるもの」(innatus)では決してあり得ない仕方で「ホモウーシオス」であると示すことによって、反対派の非難の論駁にも成功している、というのがエドワーズの言い分となります。

こうして見比べてみると、両者いずれにも理があり、しかも両者の主張が必ずしも同じ観点で矛盾し合っているわけではないことがわかるでしょう。オリゲネスにとってキリストとは、〈生まれざるもの〉(agennēton)としての〈父〉の実質存在《ヒュポスタシス》とは別個の、あくまで〈生まれたもの〉として、永遠かつ本性的に（つまり〈生じざるもの〉として）、唯一の神の〈子〉であり、その限りで独自の実質存在《ヒュポスタシス》だったわけです。ここでもまた、オリゲネスによるキリストの位置づけの複雑さと巧みさには、ただただ感嘆するしかありません。

◈本書はキリスト教の生い立ちにかかわる様々な局面を可能な限り解き明かしていこうという試みですが、際限なく書き続けるわけにもいきませんので、今回はキリスト教のいわば幼児期まで、つまりニカイア公会議前夜あたりまでを扱いました。ですから、三位一体論の教義に関しても、〈父〉と〈子〉の関係を問うキリスト論が中心とならざるを得ず、〈聖霊〉論までを扱うことができませんでした。せめてもの罪滅ぼしとして、オリゲネスが〈聖霊〉をどのように位置づけていたのか、そのさわりだけでも紹介しておきたいと思います。

〈ロゴス〉を通して生じた万物のうちで、我々は〈聖霊〉を敬虔で真実なものとして、すべてのうちでもっとも崇敬すべきものであり、〈ロゴス〉を通して〈父〉によって生じたすべてのものの序列において第一のものであると認めている。おそらく、〈聖霊〉が神の〈子〉と呼ばれない原因はそこにあるだろう。独り子だけが初めから本性的《フュセイ》に〈子〉なのであり、〈聖霊〉は実質存在《ヒュポスタシス》を付与してくれる〈子〉を必要としているように思われる。

（オリゲネス『ヨハネ福音書注解』Ⅱ・一〇・七五—七六）

ここから、オリゲネスが〈聖霊〉を「生じたもの《ゲネートス》」とみなしていることがわかります。つまり、〈父〉は〈生まれざるもの〉として無始原なものであり、〈子〉は〈生じざるもの〉として自らが始原となり、〈聖霊〉はその始原から〈生じたもの〉の第一のものという位置づけがなされているわけです。とはいえ、こうしたそれぞれの固有性によって関係づけられた三つの実質存在《ヒュポスタシス》が「一なる神」「一なる本質存在《ウーシアー》」であるとは一体どのようなことなのでしょうか？　私たちはこうして、またもや新たな問いの前に立っているわけです。私たちを問いへと突き動かす存在、問わずにはいられない存在、それこそが神の力、神の実質存在《ヒュポスタシス》なのかもしれません。

第３章
なぜイエス・キリストは「神の像」と呼ばれるのか？

イコン「全能のキリスト」聖カタリナ修道院
（6世紀、シナイ山、エジプト）

知恵は永遠の光の輝きであり、神の働きを映す曇りのない鏡であり、神の善性の像である。

（知七・二六）

〈子〉は不可視の神の像であり、すべての被造物の初子である。

（コロ一・一五）

〔滅びる者たち〕のところでは、この世の神が不信仰な者たちの心を盲目にして、神の像であるキリストの栄光の福音の輝きが見えないようにした。

（Ⅱコリ四・四）

イエスはその者に言った。「なぜ私を善いと言うのか。神ひとりより他に、誰も善いものはいない」。

（ルカ一八・一九）

1　なぜ「神の像」が必要なのか？

神学《テオロギア》から救済の実現《オイコノミア》へ

本書において、これまでキリスト教の生い立ちをめぐって第1章と第2章で問われてきたのは、結局のところ、イエス・キリストが〈父〉なる神と一体どのような関係にあるのかという、いわゆるキリスト論の問題でした。イエスはなぜ言葉《ロゴス》と呼ばれ、〈子〉と呼ばれてきたのか、この素朴きわまりない問いを執拗に問い続け、論争に明け暮れた教父たちは、やがて自分たちが信じる神が一体どのような存在であるのかを「信条《クレド》」（信仰を告白するために定められた式文）という形で言い表すようになりました。このようにして形成されていった「神《テオス》に関する言論《ロゴス》」が、一般に「神学」（テオス＋ロゴス＝テオロギア）と呼ばれるものです。

しかし、こと改めて「神学」と言われても、どうもピンとこないという人が大半だと思います。なにしろ、一向に埒が明かない机上の空論のことを「神学論争」と揶揄するぐらいですから、私たちの日々の生活にはおよそ無縁な一種の詭弁と思われても仕方がないのかもしれません。いつの時代においても、生老病死の苦しみはもちろんのこと、障碍や差別により社会的に弱者とされてしまう人々、自然災害や戦争、圧政、貧困といった様々な不運や不幸に見舞われ苦しむ人々、絶望の淵でひたすら救いを求める人々にとって、神学の言葉は一体どれほどの力があるというのでしょうか。

確かに本書にこれまで登場した教父の大半は、司教や司祭などの聖職者か教理学校の教師たちで、市井の一般信徒は一人もいませんでした。聖書の知識にも哲学の素養にも乏しい、それどころか文字すら読めない当時の多くの信者たちにとって、教父たちの議論は文字通り雲の上の空理空論でしかなかったのかもしれません。結局のところ、神学は当時の知識人の知的遊戯に過ぎなかったのでしょうか？　いいえ、そんなことは決してないと思います。神学には神学にしかできない大きな役割があります。それは、人間には決して知ることも語ることもできない神の真実を、聖書の言葉に基づいてなんとか読み取ろうとすること、言い換えれば、不可知の神の真のありようを、聖書に記されたイエス・キリストの存在を介して知ろうとすることだと思います。そのようにひたすら神の真理を求める限りで、神学は哲学と通底しているのです。神学が哲学の用語を借用しているとか、哲学的な思考枠を利用しているなどというのは、上っ面の一致に過ぎません。もっと大事なこと、それは両者の営みが共に真理の探求に根ざしているということです。

実際、熱烈な信仰心というのは、理性的な判断や、自省心を失わせるところがあるものです。熱狂的に信仰するあまり、冷静に考えればあり得ないようなことまで本気で信じてしまいかねません。教義で言われていることは本当か、経典の言葉に真実はあるのか、そうやって真理を問いただす営みが、宗教が真に信仰に値するためには不可欠なのだと思います。その意味で、「キリスト教神学」にもまた、不可知の神の真のありようを伝えたイエス・キリストの存在を、聖書を介して知るという大きな役割があるわけなのです。

とりわけ、キリスト教独自の観点は、「イエス・キリストの存在を介して神を知る」、つまり「〈子〉の内に〈父〉なる神を見る」という仕方で神認識がなされるという点にあります。本章で取り上げる三つ目の問い、「なぜイエス・キリストは〈神の像〉と呼ばれるのか？」という問いは、まさにこの「〈子〉の内に〈父〉なる神を見る」という神認識の問題にかかわっています。しかも、このことは単なる認識の問題にとどまらず、〈子〉イエスを我らがキリスト（救い主）とみなす限り、私たち自身の救済の問題にもかかわってきます。つまり、「〈子〉の内に〈父〉なる神を見る」ということが真に叶うならば、それこそが神による救いの御業《みわざ》の実現にほかならないのではないでしょうか。そうした「救済の実現《オイコノミア》」こそが、「神学《テオロギア》」と協働してキリスト教を支える車の両輪のようなものとなるのです。ここに至って、ようやく本書の目ざすところが明らかになってきました。

第1章、第2章では「神学《テオロギア》」の面からキリスト教の生い立ちが語られてきましたが、これから始まる第3章では、新たに「救済の実現《オイコノミア》」の面からキリスト教の生い立ちを探っていこう、そういう心づもりでこの本は構想されています。それでは早速、「オイコノミア」という概念そのものの生い立ちから見ていくことにしましょう。

「オイコノミア」の概念史

(1) キリスト教以前の「オイコノミア」

教父神学において、三位一体の神の不可知の本質存在《ウーシアー》にかかわる狭義の「神学《テオロギア》」と対をなす「救済の実現《オイコノミア》」概念が、アリストテレスの「オイコノミア」すなわち「家政」に由来し、そのような家政の国家規模への拡張が近代における経済学（political economy）の誕生に繋がるというのが概念史的な粗筋です。しかし、そもそも神学的な「オイコノミア」が一体どのような意味で「家政」と類縁性をもち、いかにして（広義の）キリスト教神学において枢要な位置を占める概念となることができたのか、その経緯はたとえその語が「摂理」「経綸」と翻訳されたところで俄《にわ》かに明らかとなるわけではありません。そこで本節では、まずオイコノミア概念の四世紀ギリシア教父に至るまでの受容史（あるいはむしろ変容史）を概観していきたいと思います。

「オイコノミア」とは、もともとはアリストテレスが『政治学』において用い始めた用語です。彼は、「ポリス」（いわゆる「都市国家」）に関する事柄（タ・ポリティカ）を扱う政治術《ポリティケー》を、「家」（オイコス）における運営・管理（オイコノミア）を扱う家政術《オイコノミケー》と対比させました。アリストテレスにとって「家」とは、ポリス（すなわち政治的共同体《ポリティケー・コイノーニア》）を構成する最小単位としての家―共同体のことです（『政治学』Ⅰ・一―二章参照）。それは数世代にわたる夫―妻、父―子、主人―奴隷関係から成る生殖・養育・労働つまりは生産と消費という「日常必需の」基底的な生《ゾーエー》の領域と言ってよいでしょう(13)（そこでは当然、私的財の獲得・管理・運営といった側面も不可欠となります）。その一方で、「家政的な支配《オイコノミケー・アルケー》は一者支配《モナルキア》である」という彼の確固とした主張は、「一者支配《モナルキア》＝単一神論《モナルキア》」という用語上の繋がりからもわかるように、後世のキリスト教世界に少なからぬ波紋を投じることとなります。

　そもそもアリストテレスにとって「一者支配」とは、何よりまず、宇宙全体を一なる原理が支配するという、いわゆる「不動の動者」説にその典型が見出されます。「多数者の支配は善くない。支配者は一人でよい」というホメロス『イリアス』（二・二〇四）からの引用句で締め括られた『形而上学』第一二巻において、アリストテレスは、自ら動かされることなく永遠の時間にわたって天界を動かす神（＝不動の動者）を究極原理として導入しました。しかし、〈不動の動者〉という構想を政治支配の構造へと転用する場合、以下の偽アリストテレス作（アリストテレスの偽作とみなされている）『宇宙論』に簡潔に示されたような、いわゆる〈不作為の支配者による統治〉という背理に向き合わざるを得ませんでした。

　神は宇宙に生起するあらゆるものの産出者であり救済者である。しかし、神は自分で働いて苦労することはない。むしろ無尽の力《デュナミス》を用い、その力によって遙か遠くにあるように思われる幾多のものを支配する《オイコノメイン》。

(『宇宙論』三九七b)

ここで偽アリストテレスは、神の本質存在《ウーシアー》と力《デュナミス》とを区別し、いにしえの哲学者がかつて「宇宙は神々に満ちている」と看破したものは、実は神の本質存在ではなく力(のもたらした動き・働き)であったことを強調します。その上で、神は操り人形遣いのように、あるいは一種の法則のように、それ自体は不動でありながら宇宙全体のあらゆるものを動かし「支配する」と主張しています。この「支配する」という意味を表す動詞として、「オイコノミア」と同様にギリシア語の「家」(オイコス/オイキア)から派生した「オイコノメイン」が用いられている点にも注意が必要です。

さて、『宇宙論』が偽書であることは研究者間でほぼ一致を見ていますが、では一体、いつ誰が書いたかについては未だ決定的解決には至っていません。しかし、「オイコノミア」の同族語である動詞「オイコノメイン」の用法に関する限り、「宇宙を支配する《オイコノメイン》」という表現にヘレニズム期に特徴的な世界観が見て取れます。なかでもオイコノミア系語彙を「家政」という社会学的な領域から解放し、「自然世界の統御」という新たな自然学的意味へと転用・拡張したのがストア派と言えます。クリュシッポスら初期ストア派は、「オイコノメイン」の他に同じく「オイコス」から派生した「ディオイケイン」、名詞としては自然世界を「秩序づける力、あるいはその統御」という意味で「オイコノミア」あるいは「ディオイケーシス」を使用しています。彼らストア派については、後期**ペリパトス派**のアフロディシアスのアレクサンドロスが以下のように証言しています。

> 彼ら〔ストア派〕は、この宇宙が一つであり、あらゆる存在を自らの内に包み込み、生命的・ロゴス的・知性的な自然によって統御《ディオイクーメノン》されており、しかもそのような全存在の統御《ディオイケーシス》が永遠のものであり、ある種の〔因果的な〕連鎖と秩序《タクシス》に従っていると主張する。
>
> (SVF II, p.264: 912)

つまり、ストア派によれば、宇宙とは常に一つの秩序とオイコノミアにしたがって統御《ディオイクーメノン》され一つのものであり続ける自然全体のことなのです。このような自然の本性とそれに内在するオイコノミアの力との区別は、その後の教父神学における本質《ウーシアー》存在とその活動《エネルゲイア》・働きの区別、さらには神学《テオロギア》と信仰の実現《オイコノミア》の区別を準備するものと言うことができるでしょう。いずれにせよ、偽アリストテレスの『宇宙論』における「一者支配《オイコノメイン》」が、超越の位相に即した不作為・不介入の世界支配を意味していたのに対して、ストア派の「統御《オイコノメイン》」は、内在の位相に即し、世界の隅々にまで行き渡り、秩序づけ統御する自然自身の力による働きを意味していると言えます。[14]

（2）フィロンのオイコノミア理解

それでは、七十人訳聖書の時代のユダヤ教圏では、「オイコノミア」概念は一体どのような意味で理解されていたのでしょうか。その答えを探るべく、まず七十人訳旧約におけるオイコノミア系語彙の用例を見た後、第1章で取り上げたアレクサンドレイアのユダヤ教徒フィロンにおけるオイコノミア概念理解の特徴を調べてみたいと思います。

まずは七十人訳旧約における「オイコノミア」の用例ですが、実は「イザヤ書」二二章のいわゆる「シェブナの罷免」の記事一例しかありません。

19お前〔シェブナ〕はその職務《オイコノミア》から退けられ、その地位《スタシス》から追われるだろう。……21彼〔エルヤキム〕にお前の衣を纏わせ、お前の飾り帯を締めさせ、お前に授けられていた権能《オイコノミア》を彼の手に渡すことになるだろう。彼はエルサレムの家に住まう者とユダの家に住まう者の父となるのだ。（イザ二二・一九、二一）

最初の「オイコノミア」（一九節）は、「地位」という語と並べて用いられているところから見ても、財務主任といったような「職務、官職」を意味しているのに対して、第二の「オイコノミア」（二一節）は単に職務というだけでなく、エルヤキムに委ねられた「権能、権力」を意味しているように思われます。その権能をもつことが、家に住まう者たちの家長となることだという表現から、ここでの用法が「家政」としての「オイコノミア」の系譜に連なることは明らかです。同書三六章や三七章に現れる派生語の「オイコノモス」もエルヤキムの官職名である以上、あくまで家政的な「財務主任」といった程度の意味に過ぎません。以上より、動詞形も含めた七十人訳旧約においてわずか数例ほどのオイコノミア系語彙には、ストア派によってもたらされた家政的文脈からの意味の変容・拡張が一切見出されないことが明らかとなりました。

対して、フィロンの用法には少なからぬ変化が見出されます。確かに、「家《オイキア》は小規模なポリスであり、家政《オイコノミア》は縮小された国制《ポリテイア》であり、同様にポリスもまた大きな家、国政は共通な家政である」（『ヨセフについて』三八―三九）と述べられている限り、家政《オイコノミア》と国制《ポリテイア》の対比的構図はアリストテレス的なオイコノミア観の繰り返しに過ぎないようにも思われます。しかし、以下に見るように、ヨセフに課せられた職務は、実は家政レベルどころか単なる国制レベルをも超えたものなのです。

　この宇宙は巨大なポリス《メガロポリス》であり、一つの国制、一つの法を享受している。……個々の国制は、自然に則した一つの国制に付加されたものであると考えるほうが理にかなっている。国ごとの法は自然の正しいロゴスに付加されたものに過ぎないのだから。……一見すると彼〔ヨセフ〕は主人によって家の執事に任じられたように見えるが、実際のところ真実はといえば、そう任命したのは自然であって、自然が彼に〔すべての〕ポリスと民族、巨大な国土の支配権《ヘーゲモニア》を委ねたのである。

（フィロン『ヨセフについて』二九―三一、三八）

傍点を付した部分からもストア派の影響は明らかであるように思われます。旧約においてシェブナが失いエルヤキムが得たオイコノミア（職務、権能）がせいぜい家長的支配であったのに対して、ここでヨセフに委ねられたのは自然世界の統御とでも言うべきものなのです。

さらに教父思想の救済論的文脈においてしばしばオイコノミア概念と併用される「ソーテーリア」（救済）という語が散見されるのも、フィロンにおける際立った変化と言えるでしょう。ただし、彼の場合、その語（「ソーテーリア」及びその副詞形「ソーテーリオース」）に「救済」といった宗教的な意味が特に付与されているわけではありません。

至高にしてもっとも威厳高き父なる神、巨大なポリス（＝宇宙）の支配者にして無敵不敗の万軍の将、さらに万物を常に安寧に統御《ソーテーリオース・オイコノメイ》する舵取り……。

（フィロン『十戒総論』五三）

この引用でも明らかなように、フィロンにとって「ソーテーリア」とは、あくまで政治的な（すなわち非宗教的）文脈において支配者（ここでは神）が常にその守護を心掛けるべき全体の「安寧」、つまりは「公益」を意味しており、宗教的文脈における個々人の救済が意味されているわけではありません。

以上より、フィロンにおける「オイコノミア」の用法は、確かにヘレニズム期のユダヤ教文献においてストア派による意味の拡張・変容を示す決定的な証言と言えると思います。しかし、ストア派の「オイコノミア」が自然に内在する「世界を秩序づけ、統御する働き」を意味していたのに対して、フィロンの場合、自然はあくまで世界の支配権を家長的支配者に任命するだけであって、その支配構造は一貫して非内在的、超越的です。その限りでフィロンのオイコノミア理解は明らかに「一者支配」の系譜に連なるものであり、その結果、フィロンにおいて初めて、一なるユダヤの民の一なる神によるユダヤ教的神権政治（theocracy）というものが明瞭な形で登場することとなります。その上、フィロンによって新たに取り入れられた神のオイコノミアに伴う「ソーテーリア」（救済）概念もまた、支配されるべき共同体全体の秩序守護、安寧保持にのみ目が向けられ、個々人の苦難の救済という歴史内在的なオイコノミア理解には至っていません。

（3）新約聖書における「オイコノミア」

これまでの考察から明らかになったところでは、オイコノミア概念の系譜には大きく分けて三つの流れがあるように思われます。すなわち、

①「家」（オイコス、オイキア）に由来する〈家政＝家における運営・管理〉という原義に沿っ

た流れ
②家政的な支配を「一者支配《モナルキア》」と断じたアリストテレスに端を発し、フィロンの神権政治へと繋がる流れ
③ストア派によって家政から「自然世界（宇宙）の秩序づけ・統御」へと転用・拡張された流れ

以上の三つの流れです。新約聖書においてもこれらの流れを見出すことができますが、「神の家である教会」への「家」概念の転用・拡張とイエス・キリストの登場によるオイコノミア概念の変容によって流れはさらに複雑に交錯することとなります。

まず、家政の文脈での従来通りの用法は新約においても散見されます。たとえば、「イザヤ書」のシェブナの罷免を想起させる「ルカ福音書」における不正な家計管理者の話は、オイコノミア系語彙の典型的な使用例と言えます。


ある金持ちに一人の家計管理者《オイコノモス》がいた。〔その者の不正を見咎めた主人は彼にこう言った。〕「お前の家計管理《オイコノミア》の明細を出しなさい。もうお前には家計管理の仕事を任せられない」と。

（ルカ一六・一―二）

さらにヘレニズム期には、後見人《エピトロポス》や養育係《パイダゴーゴス》と並んで家計管理者《オイコノモス》が主人の子弟（未成年者）の監督といった社会道徳的な責任まで負うようになっていた事実（ガラ四・二）や、ローマ帝政下、「皇帝の家の人たち」の一員である「市の財務主任」がオイコノモスと呼ばれていたこと（フィリ四・二二、ロマ一六・二三）なども様々な新約書簡から知られています。

しかし、「家」概念が特定の人物の家から「神の家」へと比喩的に転用されることによって、オイコノミア概念は決定的な変容を被ることになります。すなわち、擬パウロ書簡において「神の家とは生ける神の教会《エクレーシア》であり、真理の柱であり土台である」（Ⅰテモ三・一五）と説かれているように、本来はポリスにおける「市民集会」を意味していた「エクレーシア」という語は、政治の文脈から逸脱し、家―共同体を核とするオイコノミア文脈に組み入れられると同時に、「キリストの身体」（コロ一・二四）としての教会という神学的表象を担い得るところまで語義を拡張していったわけです。その結果、オイコノミア概念自体もまた、「神のオイコノミア」「神の秘儀《ミュステーリオン》のオイコノミア」といった聖書研究者の間でも未だ見解の一致を見ない解釈困難な表現を担うこととなります。

たとえば、擬パウロ書簡の一つに現れる「神のオイコノミア」は、以下のようなテクストの内に置かれています（解釈によって大きく意味が変わるため、極力テクストに忠実に直訳します）。

私〔パウロ〕は神のオイコノミアに従って教会の仕え手《ディアコノス》となった。その神のオイコノミアとは、あなたがたに対して神の言葉を満たす〔完成させる〕ために私に与えられたものである。〔この神の言葉とは〕この世の始めから幾世代にもわたって隠されてきた秘儀《ミュステーリオン》のことであるが、それが今、神の聖者たちに明らかにされたのである。

（コロ一・二五―二六）

ここで「神のオイコノミア」は、これまで述べられてきた「オイコノミア」の諸義に応じて、「神によって与えられた職務」とも、「神が為す世界全体の秩序づけ・統御」とも解釈可能でしょう。ネストレ・アーラント版の希・英対訳新約聖書や他の多くのドイツ語訳が「神的な職務」(the divine office, das göttliche Amt) というように原文から改訳しているのは前者の解釈を採るためですが、[*]「神の」という属格を文字通り主格的属格と解して「神の為す」と採るなら後者となります。[15]「職務」解釈派が自説の根拠とするのは、「私はオイコノミア〔使徒としての職務〕を委託された」（Ⅰコリ九・一七）というパウロの言葉との一貫性です。確かにパウロは、「人は私たちをキリストに奉仕する者、神の秘儀《ミュステーリオン》のオイコノモイ〔管財人〕とみなすべきだ」（Ⅰコリ四・一）と述べており、神の秘儀すなわち神の言葉の完成こそがパウロに委託された「オイコノミア＝職務」だという解釈には整合性があるように思われます。

＊　新共同訳（一九八七）に至っては、「神的な」という形容詞さえ削除し、単に「務め」としている。しかし聖書協会共同訳（二〇一八）では、一転して救済論的文脈が強調され、「神の計画」と大きく改訳された。

対して、神をオイコノミアの主体とみなす解釈を支持すると思われるのが以下です。

> 神は私たちにご自身の意志《テレーマ》の秘儀《ミュステーリオン》を知らせて下さった。それは、神がキリストの内に前もってよしと定めたことであり、時の満ち溢れ《プレーローマ・トーン・カイローン》というオイコノミアのため、すなわち、天にあるものも地にあるものも一切すべてがキリストの下にまとめられるためである。そのキリストにおいて、私たちは、万物を自身の意志の決定にしたがって働かせる方〔神〕の意図《プロテシス》に則して前もって定められ、選び出されたのである。
>
> （エフェ一・九―一二）

まず、「時の満ち溢れというオイコノミア」とは、構文上、次に述べられる「キリストの下に万物を服従させる」ということであり、そのように万物を自らの意志で働かせることができるのが神に他ならないとすれば、それこそが「神の（意志の）秘儀＝神の言葉の完成」であり、「神が為す世界（万物）の秩序づけ・統御」すなわち「神のオイコノミア」と言えるでしょう。このように「神のオイコノミア」は、「（人間が為す）神的な職務《オイコノミア》」あるいは「神が為す世界の秩序づけ・統御《オイコノミア》」という具合に両様に解釈され得ることは否めませんが、いずれの解釈にしても従来のオイコノミアの語法に準じたものであることは確かであり、G・リヒター(16)、G・アガンベン、田川建三ら研究者がこぞって強調するように、「オイコノミア」を新たに「救済計画」といった神学的救済論の文脈から読み取ることを正当化するテクスト上の根拠は、少なくとも新約文書中には見出し難いのではないでしょうか。

　しかしその一方で、「オイコノミア」に拙速に救済論を読み込むことを忌避するあまり、アガンベンのように「オイコノミア」を頑なに「職務」という意味に限定する立場にも俄かに同意はできません。[17] むしろ「オイコノミア」概念とは、神のオイコノミア遂行と人間のオイコノミア遂行という意味上の緊張関係を内に孕んだまま、決して分断されることなく、むしろその両方向の絶えざる力動的交錯と共働とを豊かに内包した概念なのではないでしょうか。もしそのような理解が可能であるなら、「神の内にこの世の始めからずっと隠されてきた秘儀《ミュステーリオン》のオイコノミアがどのように実現されるかを、すべての人に対して明らかにする」（エフェ三・九）というテクストも、〈神の意志による秘儀が神自身によって遂行・実現《オイコノミア》される次第を万人に告げ知らせるパウロの職務《オイコノミア》〉といった形で複層的に読み取っていくことが許されるのかもしれません。

　いずれにせよ、三位一体論やキリスト論といった神学的文脈においてオイコノミア概念が用いられることにより、その概念構成に救済論的文脈が組み込まれ、より一層の複雑さが見出されるようになるためには、次節で見るような東方教父のテクストを俟《ま》たねばなりません。

（4）ギリシア教父における「オイコノミア」

　教父たちにとって、神と人間を媒介すべきキリストの受肉というテーマは避けては通れない問題でしたが、とりわけオリゲネスにあっては異教の哲学者ケルソスとのそのテーマをめぐる論争が自らの主張を明確化するための重要な契機であったことは否めません。そもそも、キリストの受肉を人間世界への「神の下降」とみなすならば、不死なる神のロゴス（＝キリスト）が死すべき人間の身体と魂を受け容れることになり、その限りでもう既に変化を被っているのではないか、というのがケルソスの主張でした。

対するオリゲネスの論駁はこうです。すなわち、「神はその本質存在《ウーシアー》において何一つ変化を被ることなしに、摂理《プロノイア》とオイコノミアによって人間的事柄へと下降する《シュンカタバイネイ》」（『ケルソス駁論』Ⅳ・一四）、言い換えれば、「神性の燦然とした輝きを見る力のない者の程度に合わせて」神のロゴス（キリスト）が下降することによって、彼を受け容れた者は徐々にロゴスによって引き上げられる（同書Ⅳ・一五）というわけです。神の本性を太陽に譬えるならば、人はそれを観ることは決してできないのですが、太陽から発せられた光線に譬えられる神の下降によってのみその源泉を推論することができます（『諸原理について』Ⅰ・一・六参照）。

このような議論の推移を見る限り、もはや問題の核心は、不変・不可知な神の本性を保ったまま、人間の救済のために下降・受肉するロゴス・キリストのあり方をめぐるキリスト論の領域へと既に移行したと言ってよいでしょう。その限りで、先に引用された「人間的事柄」における「オイコノミア」とは、神学的救済論の文脈へと転用されることによって、まさに人間のために神によって為された「救済行為・救済の実現」という意味を獲得していったものと思われます。かくして、人間的事柄に介入することのない神の本質存在《ウーシアー》と、人間的事柄に絶えず関わる神の救済の実現《オイコノミア》とは、明確に区別され対比されながらも決して分裂することなく、超越的な一者支配と内在的な世界統御の交錯する閾《いき》的な領域（両者が融合しあう境界的領域）を形成していくことになります。

同様のことは四世紀カッパドキア教父の一人バシレイオスにおいても見出されます。

　神の善性に従って人間のために生じた、大いなる神、私たちの救世主《ソーテール》イエス・キリストによるオイコノミアが、聖霊の恩恵によって成就することを一体誰が否定するだろうか。

（バシレイオス『聖霊論』一六・三九）

太陽の光に譬えられたオリゲネスの神の降下が、バシレイオスでは万物に生命と恵みを付与する聖霊の働きとして語られており（『聖霊論』九・二二参照）、それと同時に、〈神の善なる意志に基づき、聖霊の恩恵によって、キリストにおいて成就した救いの業《オイコノミア》〉という仕方での三一神論的なオイコノミア理解がはっきりと打ち出されていることがここからも明らかとなります。

さらに、より明確に救済論的構図を打ち出しているのがニュッサのグレゴリオスです。彼は四世紀後半、キリストの受肉をめぐってシリアのラオディキア主教アポリナリオスによって提起された問い、すなわち、キリストが完全に人間でありつつなお無辜《むこ》（罪なき者）であることは、いかにして可能であるのか、完全に人間であるとすれば罪に堕ちているのが当然ではないかという問いに直面し、次のように応答しています。

自らの本質存在《ウーシアー》によって非物質的で不可視であり、非身体的でもある神は、いつかこの世の時が満ち、悪が極みに達する時、人間への愛《フィラントローピア》と救いの業《オイコノミア》によって、彼らの罪を一掃するために、人間の本性と混ざり合い、太陽が薄暗い洞窟に入ってそこに住まうように、自らの臨在による光によって闇を駆逐するのである。

（ニュッサのグレゴリオス『アポリナリオス反駁』〔GNO III 1, p. 171, 11-17〕）

神の本性は、人間の本性と混ざり合っても決して人間本性に根差す罪に染まることはない、それがグレゴリオスのアポリナリオスに対する一貫した主張です。しかもグレゴリオスの場合、神自身が人間本性と混ざり合うと言われるのは、オリゲネスの場合に、いわば太陽自身が高みに留まったまま、そこから発する光線が地上の洞窟(18)へと降り注ぐと言われたのに対して、まさに太陽自らが洞窟へと降り来たり、そこに居を構えるという意味においてであると解釈できます。ここに至って、オイコノミア概念はキリストの受肉と救済というテーマと極めて密接な繋がりをもつようになると同時に、人間本性と混ざり合い受肉した〈子〉キリストと〈父〉なる神とが、独立した位格《ヒュポスタシス》でありながら神的本質《ウーシアー》は同一であるという三位一体論の問題として、改めてクローズアップされることになるのです。

なぜ救済の実現のために「神の像」が必要なのか？

世界から完全に超越している神の本質存在《ウーシアー》は、私たちには観ることも触れることも叶わず、その真のありようを知ることもできません。しかし、その一方で神は、自身と世界を仲介し、私たちの救済の実現《オイコノミア》のために、自らの〈子〉キリストを遣わしました。旧約第二正典に属する「知恵の書」において、そうした神と世界を仲介する役割を担っていた知恵は、こう呼ばれています。

知恵は永遠の光の輝きであり、神の働きを映す曇りのない鏡であり、神の善性の像である。
（知七・二六）

ここで知恵は、「光の輝き」、「鏡」、「像」いずれも、私たちにとって見ることのできるものになぞらえられています。しかもそれらは、「永遠の光」とか「神の働きや善性」というあまりに神々し過ぎて不可視なものを、私たちが目にできる仕方で見させてくれるものと言えます。そのように、私たちが見ることのできない神の働きをなんらか目に見える形で私たちに仲介するために「知恵」が担った役割は、新約聖書においては、〈子〉キリストが果たすことになります。たとえば、「コロサイの信徒への手紙」ではこう言われています。

〈子〉は不可視の神の像であり、すべての被造物の初子である。

（コロ一・一五）

しかし、「不可視の神の像」とは、一体何なのでしょうか？　私たちにとって見ることのできるものが「像」だとすると、私たちが絶対に見ることのできない神が、「像」によって「見ることができるもの」として現されることなど、果たしてできるものなのでしょうか？

こうした問いに、本書第２章で大活躍してもらったオリゲネスはこう答えています。

〔〈子〉が〕不可視の神の像であると言われることについて、それをいかに理解すべきかを見ていくことにしよう。そうすることによって、どうすれば神が正しくその〈子〉の〈父〉と言われるかを見究めるためである。最初に、人間の慣習によって「像」と呼ばれるものから考察していこう。（ｉ）なんらかの物質、たとえば木や石のようなものに慣習的に描かれたり彫られたりするものが時に像と呼ばれる。また時には、（ii）父親の特徴が何一つ変わることなく子のうちにあると言われる時、生まれた子がその子を生んだ父親の像と呼ばれる。私が思うには、神の像と類似にしたがって造られた人間は、最初の例に当てはめることができるだろう。

（オリゲネス『諸原理について』Ｉ・二・六）

（ｉ）は、たとえば肖像画や偉人を模した彫像のような、いわゆる「似像」という意味での

「像」を指します。「神の像と類似にしたがって造られた人間」というのは、皆さんもよくご存知の、「創世記」の有名な次のフレーズを指しています。

神は言った。われわれは自分たちの像と〔それとの〕類似にしたがって人間を造ろう、と。
（創一・二六、七十人訳）

既に説明したように七十人訳聖書はギリシア語で書かれていますし、オリゲネスの『諸原理について』はルフィヌスによってラテン語訳されていますので、次のように表記されています。

「像」…ギリシア語「エイコーン」／ラテン語「イマーゴ」（imago）
「類似」…ギリシア語「ホモイオーシス」／ラテン語「シミリチュード」（similitudo）

「像」はimago の他に、「エイコーン」をそのままラテン語化して「イコン」（icon）とも呼ばれます。

さて、神が自身の像《エイコーン》にしたがって（また、それとの類似《ホモイオーシス》にしたがって）人間を造ったと言われる時、神と神の像と人間の関係は、オリゲネス『ヨハネ福音書注解』（Ⅱ・二・一八）の言い方に倣って言い換えれば、まず〈父〉なる神が「原型《プロートテュポス》」であり、その像のうち「範例《アルケテュポス》」となる

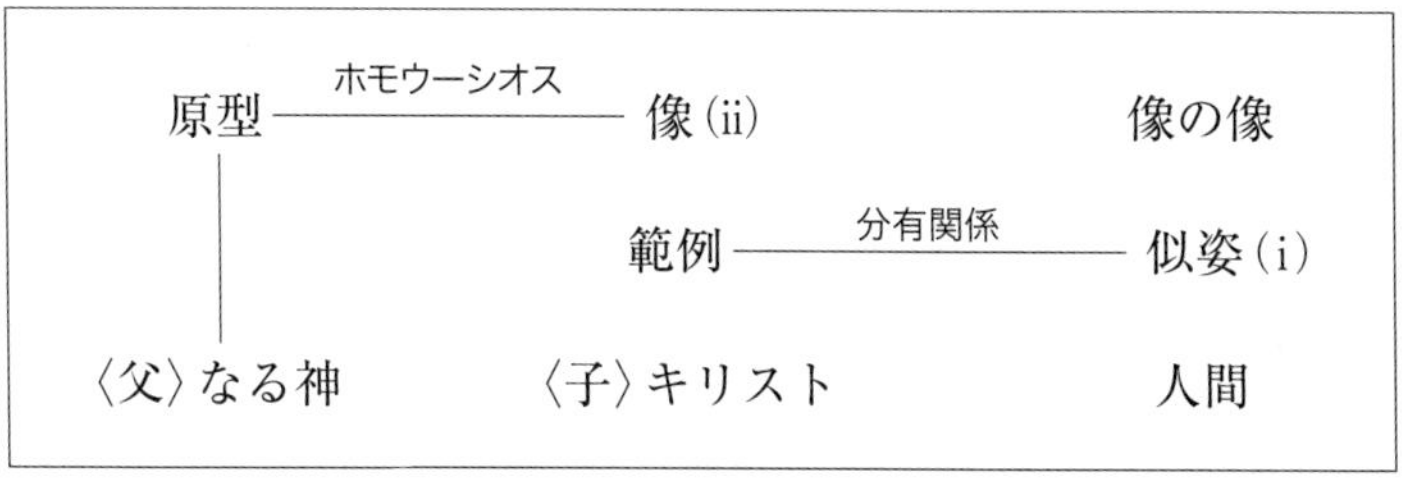

図４　〈父〉と〈子〉と人間の間の２種類の像関係

「像」が〈子〉キリスト、そしてその範例にしたがって造られた似像、正確に言えば、「像の像」が人間ということになります。そして、オリゲネスの挙げた第二の意味（ii）で〈子〉キリストは〈父〉なる神の「像」と呼ばれるわけです。この（ii）の意味はさらに次のように説明されます。

> この像〔ii〕は、〈父〉と〈子〉の本性と本質の一性〔naturae ac substantiae unitas〕を保持している。というのは、もし、〈父〉が為すことの一切を〈子〉も同様に為すというのであれば、〈父〉のように〈子〉がすべてを為すという事実によって、〈父〉の像は〈子〉のうちに形成される。この〈子〉は、精神から発する〈父〉の意志のように、確かに〈父〉から生まれたものである。
> （オリゲネス『諸原理について』I・二・六）

ここでは、〈父〉なる神と〈子〉キリストが本質存在《ウーシアー》の一性を有している、つまり第2章の最後で考察した「ホモウーシオス」な関係にあると言われています。なぜなら、〈子〉は〈父〉が意志することだけを為すからで、そうした意志の同一性のゆえに「ホモウーシオス」だというわけです。

わかりやすく図示してみたので、図を参照しながら以下の説明を理解してください（図4）。

像関係（i）すなわち人間は何の像かと言えば、それは〈子〉キリストの範例性を介して〈父〉なる神の似像となります。この像のあり方は、プラトンにおけるイデアとそのイデアを分有した事物の関係と同じものと言えるでしょう。つまり、人間のイデアを分有したものがソクラテスやプラトンといった個々人であるように、神の像にしたがって造られたいわば「像の像」が個々の人間だというわけです。

対して像関係（ii）は原型―似像関係とは異なり、まさに同一本質的な関係であって、私たちが不可視・不可知な神を見ることができ、知ることができるようになるのも、〈父〉なる神と同じ本質の〈子〉キリストが神と私たちとを仲介してくれるからこそなのです。〈子〉キリストがこの世界に降り来たり、その〈子〉の内に〈父〉なる神を見ることができるようになることこそが、神の救済《オイコノミア》の実現に他ならないとすれば、そうした救済《オイコノミア》の実現のためには「神の像」である〈子〉キリストの臨在がどうしても必要不可欠なのです。

以上が、本章の掲げた問い「なぜイエス・キリストは〈神の像〉と呼ばれるのか？」に対するさしあたりの答えになるものと思います。

2　神と私たちを仲介する「神の像」としてのイエス

神と似たものになること

ウラジーミル・ロースキィによれば、「神の像」というテーマには「神の自己表現の原理としての像と、人間の神に対する特殊な関係の基礎としての像という二重の意味」があると言われます[19]。言い換えれば、像の有するこうした二重の意味を、神と人間を仲介する形で担うのが、〈子〉キリストということになります。とりわけ、神と〈子〉と人間という三者の関係が「像」というテーマをめぐって問いただされるのが、先ほど引用した「創世記」の「神の像と類似にしたがって」（一・二六）人間が造られたという箇所です。この箇所に関して、アレクサンドレイアのユダヤ教徒フィロンは以下のような解釈を施しています。

像のどれもが範例《アルケテュポス》や範型《パラデイグマ》に忠実であるわけではなく、むしろその多くは類似してはいないのであって、「像《エイコーン》にしたがって」の句に添えて、「類似《ホモイオーシス》にしたがって〈似たものとして〕」の句が付け加えられているのは、（人間が）正確な写し《エンファシス》であって、範例をくっきりと映し出しているということを判然とさせるためなのである。

（フィロン『世界の創造』七一）

フィロンによれば、物質的で感覚的な世界に存在する人間は、神のロゴスすなわち非物質的で叡知的な世界における神の「像（範例）の像（写し）」であるので、「類似《ホモイオーシス》」とは、神の像の「写し《エンファシス》」が正確であることとみなされます。伝統的注釈においても「像」と「類似」とは区別されてきました。たとえばオリゲネスは、「神は人間を神の像《エイコーン》にしたがって創造したが、いまだ神の類似《ホモイオーシス》にしたがってはいない」（『ケルソス駁論』Ⅳ・三〇）と言うことによって、両者の差異を明らかにしています。言い換えれば、神の像（正確には「像の像」）として与えられた人間本性の完成の可能性は、神の恩恵の援けを得て、人間自らが神を模倣することによって初めて完全に類似したものとして実現されると言えるでしょう。このような仕方での創世記解釈は、人間本性の完成を「神に似ること」（ホモイオーシス・テオーイ）とみなすプラトン主義的な伝統とぴったりと重なります。

そもそもプラトンにおいて「神に似ること」とは、この世の悪から逃れることであり、「知慮《フロネーシス》をもって正しく敬虔になること」（『テアイテトス』176b一―三）に他なりません。『国家』篇においてよく知られた「洞窟の比喩」によって語り直すならば、「徳を行なうことによってできる限り〈神に似ること〉」（『国家』613ａ八―ｂ一）とは、洞窟から上昇して地上すなわち真実在の世界においてイデアを観想し、「それらを模倣し《ミーメイスタイ》、できる限りそれらと似たものになろうとすること」（同書500ｃ六）です。

しかし、イデアを模倣する仕方と神の像を模倣する仕方はまったく異なります。イデアの模倣は、人間精神が身体性（つまりは物質性）から脱却し、イデア的（理想）世界へと上昇することによって初めて可能になるのに対して、神の像である範例としてのキリストの模倣とは、この世界に降り来たり、受肉した〈子〉キリストの具体的な姿や言動を見聞きするところから始まります。そのような仕方でのキリストの模倣が可能になるのは、パウロによれば、〈子〉キリストが原型である〈父〉なる神と対等な関係にあるからです。つまり彼によれば、キリストは既にして「神の形《モルフェー》をしており」、「神と等しくある」（フィリ二・六）からです。その意味での対等性は、「ヨハネ福音書」においては「私を見た者は、父を見たのだ」（一四・九）というイエスの言葉によって端的に表されていると言えるでしょう。

しかし、そのように神と等しいキリストは、こともあろうに「神と等しくあることを褒賞とはみなさず、自らを無化し、僕《しもべ》の形をとって人間と似たものになった」（フィリ二・七）と言われます。原型―似像関係で言い換えれば、原型であるべきキリストが、せいぜい「神の像の像」に過ぎない人間に「似たものになる」というのです。ここでのキリストと人間の似像関係の劇的な逆転によって、ギリシア哲学由来の「神に似ること」は「（僕となってへりくだった）キリストに倣うこと」(imitatio Christi) へと変換されたと言えるでしょう。

「神の像」の三様の解釈

そもそも、神と人間とを仲介する「神の像」としての〈子〉キリストという考え方は、〈父〉と〈子〉という二つの実質存在《ヒュポスタシス》が、なんらか限定された意味で「同一本質的《ホモウーシオス》」でもあるというオリゲネスの主張に根ざしたものでした(本書159—160頁参照)。その後、オリゲネスの考えを継承した当時有数の神学者、カイサレイアのエウセビオス、アンキュラのマルケロス、そしてアタナシオスの三人は、神と人間を仲介する〈子〉キリストの位置づけが、いかにして各自の一神論的主張と抵触しない形で規定できるかについて、三者三様の解釈を示しています。

(1)〈子〉は「一なる神」と同一ではない——カイサレイアのエウセビオス

エウセビオスは師パンフィロスを介してオリゲネスから強い影響を受けたにもかかわらず、〈父〉と〈子〉の間の本性の明確な「断絶」を主張することによって、アレクサンドレイアの先達とは道を分かつ姿勢を明らかにしました。しかしそれは、かつてそう考えられてきたように、彼がアレイオス主義に与《くみ》していたからではなく、あくまで一神論に基づいた、超越的な「真の一なる神」としての〈父〉という彼自身の見解に起因するものでした。ですから、彼の見解は決してアレイオス的な従属主義ではなく、むしろオリゲネスが示唆した〈父〉と〈子〉という二つの実質存在《ヒュポスタシス》の同一本質性《ホモウーシオス》を徹底的に追求すればするほど、その同一性に疑念を抱かざるを得なくなった結果と思われます。以下の引用箇所に、そのような彼の主張が明確に示されています。

> 二つの実質存在《ヒュポスタシス》を措定した者が、必ずしも二つの神を示したことにはならない。というのは、それら二つの実質が両方とも栄光あるものであることも、無始原であることも、「生まれざるもの《アゲンネートン》」であることもないからである。むしろ、二つのうち一方は、一にして「生まれざるもの《アゲンネートン》」であり、無始原なものであるが、他方は「生まれたもの《ゲンネートン》」であり、始原である〈父〉を有している。それゆえに、「私の〈父〉のところに上っていく。私の父はあなたがたの父であり、私の神はあなたがたの神である」（ヨハ二〇・一七＊）と言う時、〈子〉自身も、自分の〈父〉が自身の神であると教えている。実際、神である〈父〉は、その〈子〉の神でもあると示される。それゆえ、まさに「一なる神《モノス・テオス》」は〈子〉キリストの教会において宣教されるのである。他方、〈子〉は自身が〈父〉と対比される時、もはや〈父〉自身の神ではなく、〈父〉の最愛の独り子であり、「不可視の神の像」であり、〈父〉の栄光の「輝き」である。
>
> （エウセビオス『教会的神学について』七・二一―五）

＊　ヨハ二〇・一七「イエスは彼女〔マリア〕に言った。『私に触れるな。なぜなら、私はま

だ〈父〉のところへ上ってはいないのだから。私の兄弟たちのところへ行って、彼らに言いなさい。私は私の父のところへ上っていく。私の父はあなた方の父であり、私の神はあなたがたの父でもある』と」。

〈子〉キリストが「不可視の神の像」として機能するためには、神と人間の仲介者として相反する二つの性格をもたねばなりません。すなわち、仲介者は、神と大きく類似していなければなりませんが、同時にその一方で、人間が仲介者に近づくことができるためには、なにかしらの神との不類似ないしは非同一性がなければなりません。つまり、私たちが「〈子〉の内に〈父〉を見る」ことができるのは、〈子〉が〈父〉と似ている「像」だからですが、その一方で私たちが〈子〉に近づくことができるのは、まさに〈子〉が〈父〉と完全には同一でないからだ、そうエウセビオスは考えたわけです。

身近な例で喩えるとすれば、神の像とは、数百メートル先に鉄道の踏切があることを知らせる交通標識のようなものです。その標識には、記号化した踏切の図像（踏切の似像）が描かれており、その踏切の似像によって本物の踏切の実在が私たちに予示されるわけですが、もちろん、その標識の踏切の図像が本物の踏切と同一でないことは、誰の目にも明らかです。神の像として働く〈子〉キリストの場合もそれと同じだとエウセビオスは言いたいのだと思います。

(2)〈父〉と〈子〉は二つの実質存在《ヒュポスタシス》ではない——アンキュラのマルケロス

〈子〉は、神の像として、〈父〉なる神と同一でありはしないという点で、マルケロスはエウセビオスと同じ主張をしているように見えます。しかし、マルケロスはそもそも〈子〉の実質存在《ヒュポスタシス》を認めていませんし、当然、〈父〉と〈子〉が二つの実質存在《ヒュポスタシス》であるという点もきっぱりと否定しています。神が唯一のプロソーポン（位格）すなわち唯一の実質存在《ヒュポスタシス》であり、しかも、人間の言葉が発話者なしには存在し得ないように、神の言葉《ロゴス》も神から離れた独立した存在ではあり得ない以上、神の言葉《ロゴス》は神の実質存在《ヒュポスタシス》の同一性の内に完全に回収される、そうマルケロスは考えたわけです。

しかし、この厳密な単一位格論的な見解は、それが〈子〉の受肉を説明する段になると、困難に陥らざるを得ませんでした。その結果、マルケロスは神の〈子〉と人間イエス・キリストとを巧妙に説き分けることによってその難局を切り抜けるしかありませんでした。その限りで、マルケロスにとって不可視の神の像であるのは、あくまで目で見ることのできる人間イエスに他なりませんでしたし、神の像としてのその人間イエスは、当然、神と同一ではあり得ませんでした。

マルケロスの神学に見出される強いユダヤ主義は、以下のような旧約の言葉に基づいていると思われます。

私は第一の神であり、来るべき世々にわたって私は存在する。（イザ四一・四）
私は第一にあり、私はすべての後にある。私の他に神はいない。（イザ四四・六）

したがって、マルケロスの神学には、一なる真の神のうちにいかなる複数性の余地もありませんでした。その結果、実質存在《ヒュポスタシス》に神性を不正に帰属させているとみなされた考えに対して、彼は徹底した攻撃を仕掛け、キリスト教一神論は、神が唯一の実質存在《ヒュポスタシス》であることを要請するものでなければならないという立場を固守したのです。

(3)〈父〉と〈子〉の本質存在《ウーシアー》の一性の強調——アタナシオス

アタナシオスは、〈父〉と〈子〉の本質の一性を強調することによって、〈子〉を通して〈父〉を直接に知ることを可能にしたと言ってよいでしょう。実際、彼は、〈子〉自身が永遠にも、その受肉においても、いずれも完全に神であると主張しています。〔〈子〉と〈父〉の〕本質存在《ウーシアー》の統一も活動《エネルゲイア》の統一もその両方によって、〈父〉が〈子〉のうちにあり、〈子〉が〈父〉の内にあることを文字通り真実と証ししているのです。アタナシオスにとって、〈父〉と〈子〉は一つになって観想と崇敬の単一の対象を提示していると言えます。

いずれにせよアタナシオスは、多くの仕方で「二正面」闘争を戦ってきました。一方で彼は、〈子〉に〈父〉との本質的同一性を認めようとしないエウセビオスや「アレイオス派」と呼ばれた人々に対して、キリスト教一神論の立場から、あくまで「一なる神」の同一性の内に〈子〉を含めようと試みました。他方で、マルケロスの神性の単一位格論的見解に対して、彼は〈父〉と〈子〉の真の区別を維持しようと努めてきました。ともあれ、以上のようにしてエウセビオスとマルケロスによって表された「一神論」の二つの極端な解釈のそれぞれに対して、アタナシオスは以下のような自らの応答を提供しています。まず、第一の引用においては、エウセビオスに対して、〈子〉がキリスト教の神の同一性の内に完全に含まれることが示されます。

〈子〉を信じる者もまた、〈父〉を信じているのである。なぜなら、その者は、〈父〉の本質存在に固有なものを信じているからである。そのように一なる神の一なる信仰が存在する。また、〈子〉を崇敬し、賛美する者は〈子〉における〈父〉を崇敬し、賛美する。実際、神性は一つである。そのゆえに、〈子〉のうちにも、〈子〉を通して〈父〉のうちにも、一つの賛美、一つの崇敬があるのであり、このように崇敬する者は一なる神を崇敬しているのである。というのは、「一なる神が存在し、それ以外の神は存在しない」（マコ一二・三二）からである。

したがって、「〈父〉だけが神である」、「一なる神が存在する」、「私は存在する、そして私以外に神はいない」、「私は第一のものであり、これらのものの後に私はいる」と言われる時、それらはうまく語られている。というのも、神は唯一で第一だからである。しかし、そうしたことが語られるのは、〈子〉の排除のためではない。そんなことはあり得ない。むしろ、〈子〉自身は、唯一で第一のものにおける、唯一で第一のものの唯一の〈ロゴス〉、知恵、輝きであるものとして存在する。実際、〈子〉自身も第一のものであり、第一で唯一の神性の充満であり、完全で満ち溢れた神である。したがって、そのように言われるのは、〈子〉のゆえにではなく、〈父〉とその〈ロゴス〉であるようなもののいずれでもないことを排除するためである。

（アタナシオス『アレイオス派駁論』Ⅲ・六・五―七）

対して、マルケロスに対しては、〈父〉と〈子〉が実際には互いに異なる実質存在《ヒュポスタシス》であり、あくまで二つの位格《プロソーポン》であることを強調した上で、それでもなお両者が本性的には同一であることが示されます。

彼ら〔〈父〉と〈子〉〕は二つである。なぜなら、〈父〉は〈父〉であって同時に〈子〉ではないからであり、〈子〉は〈子〉であって同時に〈父〉ではないからである。しかし、その本性は一つである。というのは、生まれたものは生んだものと似ていないはずがないからである。実際、生まれたものは生んだものの像であり、〈父〉に関することはすべて〈子〉に関することだからである。それゆえ、〈子〉はもう一つの別の神ではない。……というのは、たとえ〈子〉が生まれたものとして〔〈父〉とは〕異なるとしても、神としては同じだからである。〈子〉と〈父〉は、述べられてきたように、本性の固有性と親近性において、また一なる神性の同一性において一である。

（アタナシオス『アレイオス派駁論』Ⅲ・四・一―二）

アタナシオスは、エウセビオスやマルケロスと違って、〈父〉と〈子〉、さらには〈聖霊〉が一致協調して、一神論の要求を満たした神であり、それゆえ「単一で第一の神」と呼ばれ得る神の同一性を現に形成しているという点に一点の疑念も抱いていませんでした。しかし、同時に彼は、これら三位格が独自性・固有性を保持し、一なる真の神の内に複数性を表現していることもまた主張して止みませんでした。

イコン（聖像画）と偶像の違い

第３章を締め括るにあたって、神の「像《エイコーン》」に密接に関係する「イコン（聖像画）」について少しだけ触れておきたいと思います。その関係とは、なにも「イコン」という語が「エイコーン」というギリシア語に由来するということだけを言っているのではありません。〈子〉キリストが不可視の神をいわば可視化する像となり得たのは、〈子〉が〈父〉なる神となんらかの本質存在《ウーシアー》の同一性を有しているからだとするなら、イコン（聖像画）も同様に、不可視の神ないし神的なものを可視化する像となり得たのは、原型となる神（的なもの）と像の間になんらかの本性的同一性を有しているからではないでしょうか。像としての〈子〉キリストの内に〈父〉なる神を直接に見ることができるように、イコンの内に神（的なもの）を直接に見ることができるのではないでしょうか。その点は、イコンと偶像とを比較してみるとその違いが明白になるかもしれません。偶像については、たとえば、七十人訳旧約所収の「エレミヤ書」にこう書かれています。

〔主はこう言われた。偶像を崇拝する〕異邦の民の慣わしは空しい。〔彼らが崇拝するのは〕林から切り出された木材、それを木工が造ったもの、銀や金で美しく飾られ、ハンマーと釘で固定されたもの。……

それらは自分で歩くことができないので、人々によって運ばれ、据え置かれる。そんなものを恐れてはならない。なぜなら、それらは災いをなすこともできないし、それらのうちに善も存しないからである。

（エレ一〇・三―五、七十人訳）

像（エイコーン）に対して「偶像」はギリシア語で「エイドーロン」と呼ばれ、新約においても、「あなた方が異邦人だったとき、もの言わぬ偶像《エイドーロン》のほうへ連れていかれるように引き寄せられた」（Iコリ一二・二）というようにその語の用例を見出すことができます。「エレミヤ書」の用例に見られる「偶像」とは、オリゲネスの『諸原理について』において「像」の二つの意味が挙げられていた引用文中の像（i）「なんらかの物質、たとえば木や石のようなものに慣習的に描かれたり彫られたりするもの」（本書187頁）すなわち「似像」のことを意味しているということがわかります。肖像画や偉人の彫像は、モデルとなる人物との形態上の類似性はあるとしても、本質存在《ウーシアー》の点で両者はまったく非同一ですから、それは似像であり、偶像でしかありません。

肖像画（似像）は、確かにモデルとなる人物を写実的に描くことによって、そのモデルとなった人物を一種の記号として指し示しています。しかし、その肖像画をその人物と同一視してその肖像画に接吻や頬ずりをする人はいません。しかし、イコンを聖像画として認めている東方キリスト教の正教会の場合、信者たちは思い思いにイコンに接吻したり頬ずりしたりしています。物体としては肖像画もイコンもなんの違いもありません。イコンの図柄には、たしかに独特の平板で線描的な様式がありますが、絵画様式によってイコンの像的性格が生まれるわけではないと思います。では一体何がイコンをイコンたらしめているのでしょうか？

おそらく、その図像を見る人の見方に関わっているのではないかと思います。キリストを単なる預言者と見ている人やキリストに少しも崇敬の念を抱いていない人には、キリストの内に〈父〉なる神を見ることはできないはずです。同様に、イコンを下手な肖像画だと見ている人には、そのイコンの中に神を見出すことはできないに違いありません。

こうした問題は、本章のエピグラフの最後に掲げた引用と関わってくるように思います。

イエスはその者に言った。「なぜ私を善いと言うのか。神ひとりより他に、誰も善いものはいない」。　（ルカ一八・一九）

神の像としてのイエスのうちに善性の発現を見る人は、それが神の善性であることを信じて疑わないでしょう。しかし、イエスを像としてではなく、イエス当人としてそこに善性を見る人は、イエスをあたかも預言者として賛美しているに過ぎないのではないでしょうか。

ほんの少しだけ問題の表層に触れただけですが、イコン（聖像画）の不思議なありように思いを馳せることは、「神の像」とは何かを考える絶好の訓練となるに違いありません。

おわりに

その後のキリスト教

東西二つのキリスト教

そもそも東方キリスト教とは何か、という問いから始めましょう。ごく初期の頃からキリスト教は大きく東と西に分かれます。大雑把に使用される言語で言うと、例えば聖書にしてもラテン語の翻訳を使って読んでいくのが「西方キリスト教」で、西ローマ帝国とほぼ一致する地域で信仰され、ローマが中心となります。

東方キリスト教のほうはどうかと言いますと、もともと新約聖書はギリシア語で書かれていた上に、旧約聖書についても「七十人訳」と呼ばれるギリシア語訳を東方キリスト教徒たちは使っていました。ですから、東方キリスト教圏の人はギリシア語で旧約も新約も読めたということです。

言うまでもありませんが、言語が翻訳されていくときには必ずちょっとしたズレが出て来ます。

ですから、ヘブライ語で書かれた内容とギリシア語で書かれた内容は、同じ旧約であっても少しズレが出てきます。ヘブライ語、ギリシア語、さらにはラテン語など古代の枢要な言語がもっている特性の差異というものがおそらくは少なからず影響したことによって、やがてキリスト教は東と西に分かれていきます。

キリスト教が東方キリスト教と西方キリスト教に分かれると、東方キリスト教のほうはさらにカルケドン派と非カルケドン派に分かれます。「カルケドン派」という名称は、要するに、人性と神性の両性を備えているというイエス・キリストの理解の仕方を決定したカルケドン（全地）公会議（四五一）に由来したもので、その立場に立つものがカルケドン派です。これは、東方だけではなくて西方のキリスト教もすべて、カルケドン派の立場に立つ限り、「キリストは人間であり、かつ神である」という理解をとります。

他方、東方キリスト教のもう一つの立場すなわち非カルケドン派とは、「単性論」と呼ばれるもので、イエス・キリストのあり方は、人性と神性の両方があるのではなくて、「人性を吸収した神性だけがある」という立場をとります。これは、ネストリオス派であるとかコプト教会などで、単性論をとる諸派です。このネストリオス派というのは、エフェソス（全地）公会議（四三一）で異端として排斥され、その後中国に渡り、唐代中国において、景教（「大秦景教流行中国碑」で知られているあの景教です）として命脈を保っていきます。

いずれにせよ、一般的にはカルケドン派が「東方正教会」と呼ばれ、非カルケドン派のほうは

「東方諸教会」と呼ばれます。身近なところでは、東京・御茶ノ水にあるニコライ聖堂が日本正教の聖堂として有名です。東方正教会にはロシア正教、ギリシア正教、ルーマニア正教、セルビア正教などがありますが、これらはどこがどう違うのでしょうか。例えば、カトリックとプロテスタントのように違うのかというと、そうではありません。これらはすべて「東方キリスト教」としての伝統とギリシア式典礼（奉神礼）を継承している点で同一です。ただ、当然のことながら国・民族によって使っている言語が異なります。そうすると、典礼は自らの言語で行わねばなりません。ロシア語で行なう、ギリシア語で行なうというわけで、ロシア正教、ギリシア正教となった、ただそれだけのことです。根本教義に関してはすべて同一に、「東方正教会」ということになります。

それに対して西方キリスト教では、カトリックに抗して、近代に入ってプロテスタント、さらにアングリカン・チャーチに当たる英国教会（聖公会）が出来てきます。ですから、キリスト教と一口に言っても、それだけの分派がありますが、本書で述べられてきたのは主に東方のカルケドン派の話ということになります。

東と西のキリスト教のそれぞれの領域分布について言えば、ローマ帝国の東西分裂（三九五）以降は、大体東ローマ帝国（後のビザンツ帝国）の分布とほぼ一致するのが東方キリスト教、西ローマのほうと一致するのが西方キリスト教です。ただ、現在は信者が全世界に広がっていますから、その分布は意味をなしませんが、当初は東西のローマ帝国に応じて分布していたと考えておけばよいと思います。その後決定的に両者が分裂したのは、「大分裂（大シスマ）」と呼ばれますが、一〇五四年に決定的な分裂を迎えて、未だに東西は完全な和解には至っていません。教皇権や典礼上の諸問題をめぐる東西の対立に加え、フィリオクェ問題というのがその原因となっています。

フィリオクェ問題

本書でも詳しく述べられてきたように、初期キリスト教世界で常に大きな問題になっていたのは、キリストの位置づけで、「キリスト論」（Christology）と呼ばれます。キリストは、確かに人間だったわけです。実際この世の中に来て磔《はりつけ》にあって死ぬわけですから。しかし、同時に神でもあるというのはどう考えても不合理なわけです。人間なら人間、神なら神ではないかという普通の合理的な考え方でいえば、どちらかに統一すべきだろうということで、アレイオス派は「キリストは人間である」という立場をとりました。子・イエスも神が創ったもののひとつだということです。

こうした考え方は確かに明快なのですが、教会は「イエス・キリストは人間か神か」ではなく、「キリストは人間であり、かつ神である」という、論理学的に言うと矛盾になるような命題のほうを敢えて採用していきます。本書で取り扱ったニカイア公会議（三二五）の後、キリストの立場を明確に規定したニカイア信条がさらに補強された「ニカイア・コンスタンティノポリス信条」が、コンスタンティノポリス公会議（三八一）において、全キリスト教会の統一信条と定められます。しかし、もともと一筋縄ではいかない神理解、キリスト理解に基づく信条だけに、その後もキリストの身分に対する異論が百出しました。そこで、カルケドン（全地）公会議において、イエス・キリストにおける人性と神性の二つの本性は互いに「混合されることなく、変化することなく、分割されることなく、分離されることがない」（「両性論」）と宣言され、それに異議を申し立てる立場は異端として排斥されたのでした。したがって、キリスト教徒とは、このような神、つまり三位一体の神、人にして神なる「神人」を信ずるものだという本質規定がニカイア・コンスタンティノポリス信条には込められているわけです。これはどの宗教でもそうですが、自分が何を信仰しているか、その信仰対象が何であるかはその宗教の核心であり、だからこそ尊崇し信仰する神の本質が規定されている文言、つまり信条をむやみに変えることなど絶対に許されないはずです。なぜなら、それはその宗教にとって最も根本的なことだからです。

ところが、これほど重要なニカイア・コンスタンティノポリス信条の小さな語句の改変をめぐって、東西のキリスト教の対立は決定的となります。それがいわゆる「フィリオクェ問題」と呼ばれる事件です。先に触れたコンスタンティノポリス公会議で規定された聖霊に関する信仰箇条として、「私たち」が何を信じるかと言えば、それは「父から出た」聖霊だ、と書かれています。ところが西方では、六世紀以降、スペインを皮切りに「父と子から聖霊が出て」と唱えられるようになり、一一世紀にはその表現がローマ教皇も認める公式の信仰規定となっていきます。その結果、現代でもそれが日本カトリック司教協議会の公式の訳となっているわけです。本来、キリスト教の肝となるべき根本信条を表す文言、たとえ一言一句といえども改変が許されない根本教義が、わずか数語、ラテン語では filioque 一語とはいえ、東と西で明らかに異なった表現になってしまったのです。

つまり、「父から出た」と文字どおり決定された内容と文言を信じ続けているグループが東方キリスト教であるのに対して、「～と子から（フィリオクェ）」という言葉を付け加えたのが西方キリスト教というわけです。信仰にとって最も根本的な信条、信仰告白を勝手に変えることは異端中の異端と言えます。したがって、東方キリスト教陣営は、西方に対して、この暴挙を許さないという立場をとったわけです。

それに対して西方は、いろいろと言い訳めいた法的解釈を弄して、これは決して違法ではないということで、最終的に大分裂のときに東西教会は分裂するわけです。それから約九百年を経た一九六二年から六五年に開催された第二バチカン公会議において、ローマ・カトリック教会はあらゆる宗教と対話をしていこうというエキュメニズムの立場を採択したわけですが、東西のキリスト教の肝心のこの部分に関しては、残念ながら、まだ完全な和解にまでは至っていません。

キリスト教を生い立ちから学ぶことの意義

現在に至るまでのキリスト教の歴史を振り返ってみると、キリスト教というものが決して一枚岩であり続けたわけではなく、むしろ、たえず論争のただ中でそのアイデンティティを形成し続けてきた宗教運動であるということがよくわかります。そもそも、ユダヤ教内の分派として現れたイエスの改革運動から始まり、メシアを待ち望んでいた人々の「イエスこそ我が救い主《キリスト》」という信仰に支えられてキリスト教が成立したわけですが、その求心力はイエスや使徒たちのカリスマに依るところが大でした。

その後、古代キリスト教会は、自らのアイデンティティを確立するために、ユダヤ教徒に対しては彼らの信奉する神と異なる〈神の子〉イエス・キリストの実在性を擁護し、その一方でギリシア人やエジプト人などの多神教異教徒に対しては「一なる神」を弁証せねばなりませんでした。ところが、そうした場面で活躍した護教家たちによって、神の〈子〉、ロゴス・キリストの位置づけが主題化されるにつれて、論争の舞台は、対外的なものからキリスト教内部へと移行していきます。それがアレイオスによって唱えられたキリスト従属説であり、古代教会を二分したアレイオス論争です。

こうした教会内の分裂を回避すべく、全世界の教会に開かれた教会会議すなわち（全地）公会議が三二五年にニカイアで開かれ、異端を排除することによって正統派の統一を図るという動きが加速されていきます。やがて、三八一年のコンスタンティノポリス公会議で、キリスト教の信仰を規定するニカイア・コンスタンティノポリス信条が確定され、その後、カルケドン公会議（四五一）においてキリスト両性論が擁立されるに及んで、ここに全体として一つの信条、一つの教義を奉じる一つの教会が実現したかに思われました。しかし、その後の歴史を見れば、キリスト両性論と単性論の対立や、三位における〈聖霊〉の位置づけをめぐる東西のキリスト教の分裂、さらには西方における宗教改革におけるカトリックとプロテスタント、あるいはプロテスタント内部の対立抗争というように、キリスト教が絶え間のない分派活動にさらされ続けてきたことは明らかです。

以上のようなキリスト教の歴史全体を見ると、本書が考察したキリスト教の生い立ち、すなわちキリスト教の形成期はそのごく一部に過ぎません。しかし、たかだか数世紀の間に、教父たちは、ユダヤ教の経典や新約聖書の言葉を縦横に引用し、解釈を施しては、キリスト論や三位一体論といった根本教義の形成に向けて、一方でユダヤ教徒や異教徒らの外部勢力との護教論争、他方でアレイオス派やグノーシス諸派、さらには諸々の異端派との異端論争において、精力的に議論を闘わせてきました。そうした議論を考察する過程で、もし読者の皆さんがキリスト教独自の考え方の一端に触れることができたとすれば、著者として喜ばしい限りです。本書で引用された無数の資料を通じて、固定化した教義《ドグマ》ではなく、文字通り、生きた思考《ドグマ》の生成の現場に立ち会うこと、それこそが本書の目指したキリスト教の生い立ちを知るということに他ならないからです。

本書で扱った出来事の後には、ニカイア以後のアレイオス派の巻き返しと復権、その結果としてアレクサンドロスの死後（三二八）その跡を継いだアタナシオスやマルケロスをはじめとするニカイア右派の失脚に至るまでの波乱万丈の経緯、さらには、ギリシア教父の花形であるカッパドキア教父のバシレイオスやニュッサのグレゴリオスと新アレイオス派の俊英エウノミオスとの間で繰り広げられた精緻な議論の応酬、中でも極め付きは、独自の内面性の地平を切り拓き後世に唯一無二の影響を及ぼした最大の教父アウグスティヌスの登場など、興味深い話題が目白押しです。そのようにふつふつと沸き起こり躍動する「その後のキリスト教」の展開を、より一層面白くアクティブに理解するためにも、本書での三つの問いにまつわる様々な議論はきっと役に立つものと確信し、本書を閉じたいと思います。

注

第1章

（1） Theodor Zahn, *Forschungen zur Geschichte des nuetestamentlichen Kanons und der altkirchlichen Literatur, III. Supplementum Clementinum*, Erlangen, 1884, S. 142-147.

（2） Cf. G. C. Stead, "The Thalia of Arius and the testimony of Athanasius", *The Journal of Theological Studies*, 29-1 (1978) pp. 31-34.

（3） A. le Boulluec, *Clément d' Alexandrie: Les Stromates V*, Sources Chrétiennes no. 278-9, Paris, 1981, tome 1, p. 33; tome 2, pp. 42-43. Cf. M. J. Edwards, "Clement of Alexandria and His Doctrine of the Logos", *Vigiliae Christianae*, 54-2, 2000, pp. 169-170.

（4） このように、範型イデアが創造神の心に内在するという解釈は、中世やルネサンスの哲学者のみならず一九世紀の著名なプラトン研究者にも継承された。たとえば、優れた『ティマイオス』注解書を著したアーチャー・ハインドは、次のように注記している。「確かに宇宙の外に本質は実在しない。さもないと、我々には万物世界の他に何かがあることになり、万物世界がすべてではないことになるだろう。そこで（プラトンの比喩を保持するなら）、宇宙のイデアはデーミウールゴスの心の内に実在することになる」（R. D. Archer-Hind, *The Timaeus of Plato*, Londn/New York, 1888, p. 95. n. 10）。さらに以下も参照せよ。Henry Jackson, "Plato's Later Theory of Ideas", *The Journal of Philosophy*, XI, 1882, p. 324; Constantin Ritter, *Die Kerngedanken der platonischen Philosophie*, München, 1931, p. 321.

（5） J・バーネットによる校訂版テクストでは、「思惟対象の」（*νοητοῦ*）の異読として「作り手・制作者の」（ποιητοῦ）が挙げられているが、そうした異読の可能性が取り沙汰される背景には、すでにイデア＝〈宇宙の作り手である神の思惟対象〉という想定が一般化していたと言えるかもしれない。

（6）誤ってユスティノスに帰されてきた書物において、「〔プラトンは〕最初はそれ自身の原理を形相に与えていたので、それ自体で実在していると明言したが、後にはイデアは思惟の内に（ἐν τοῖς νοήμασιν）あると語っている」（『ギリシア人への勧告』七）と述べられているが、ユスティノス自身もまた、クレメンス同様、中期プラトン主義的なプラトン解釈を明確に反映している。ただし、ユスティノスもクレメンスも、プラトンないし中期プラトン主義を高く評価し、それに依拠していたことは明らかであるが、同時に彼らは、ギリシアの思想・文芸がユダヤ・キリスト教思想に淵源するものだという、思想史的にはおよそあり得ないような自文化中心主義的な想定をも共有していた。たとえばユスティノスは、いわゆる「先在のロゴス」（エウセビオス『教会史』Ⅰ・二・一六）のゆえに、たとえ無神論者とみなされているソクラテスやヘラクレイトスでさえキリスト教徒なのだと述べている（『第一弁明』四六・三）。さらにクレメンスに至っては、ギリシアの主だった文芸や哲学が旧約聖書から想を得ていることが『ストローマテイス』第五・六巻を中心に夥しい引用に基づいて立証される。こうした面妖なユダヤ・キリスト教起源説には、ギリシア哲学に対する彼らのアンビバレントな思いが読み取られ、きわめて興味深い。

第2章

（7）T. Kobusch, „Die Epinoia – Das Menschliche Bewußtsein in der antiken Philosophie“, in *Gregory of Nyssa:* Contra Eunomium II, Leiden: Brill, 2007, p. 6.

（8）Ⅱコリ九・四、一一・一七、ヘブ三・一四、一一・一。

（9）従来の研究では、アレイオスが書簡の中でルキアノスの名を援用していることが、以下のことを主張するための傍証とされてきた。すなわち、アレイオス神学は、アレクサンドロスや（もっと後の）アタナシオスのアレクサンドレイア神学に対して、基本的にアンティオケイア的であった、という主張がそうである（こうした主張は一九世紀のJ・H・ニューマン『四世紀のアレイオス派（*Arians of the Fourth Century*）』を嚆矢とする）。しかし、ルキアノスの神学については限られた情報しか得られていない。現在では、わずかながら知り得た事柄によって、ルキアノスがオリゲネスに負っていることが明らかにされ、アレイオスの限られたテクストを読むことによって直接得られた結論、すなわち、アレイオス神学は他に劣らずアレクサンドレイア的である、という説が有力となってきている。つまり、アレイオスとアレクサンドロスの間の論争は、二種類のオリゲネス主義者の間の議論だと言えるだろう（cf. M. R. Barnes, "The Fourth Century as Trinitarian Canon", in: *Christian Origins: Theology, Rhetoric and Community*, L. Ayres and G. Jones (eds.), London/New York, 1998, p. 49)。R・ハンソンによれば、オリゲネスの四世紀三一神学への影響は、直接の影響ではなく、むしろカイサレイアのエウセビオスによって媒介された影響であるとされる（R. P. C. Hanson, "The Influence of Origen on the Arian Controversy", in: *Origeniana Quarta*, L. Lies (ed.), Insbruck/Vienna, 1987, pp. 410-423)。三一一年以降の論争に巻き込まれた人びとのオリゲネス主義とは、エウセビオスのオリゲネス主義だったというわけである。

（10）アレイオス論争に関する詳細について興味のある方は、拙著『教父と哲学――ギリシア教父哲学論集』（知泉書館、二〇一九年）、特に第一章を参照していただきたい。

（11）R. P. C. Hanson, "Did Origen apply the word *homoousios* to the Son?", in J. Fontaine and C. Kannengiesser (eds.), *Epektasis. Melanges Patristiques offerts au Cardinal Daniélou*, Paris, 1972, pp. 293-303; M. J. Edwards, "Did Origen apply the word *homoousios* to the Son?", *The Journal of Theological Studies*, Vol. 49, No. 2, 1998, pp. 658-670.

（12）J.-P. Migne, *Patrologia Graeca*, XVII, 580-581.

第3章

(13) W・イェーガーからH・アーレントに至る伝統的な解釈によれば、「生きる」ために不可欠な〈私的領域＝家〉は「善く生きる」ために要請される〈公的領域＝ポリス〉からはっきりと区別されていた。

(14) 一九世紀にツェラーとブレンターノの間でアリストテレスの「神」概念をめぐってなされた論争は、世界の運動の秩序維持・管理を専らとする非創造的で非力な神とみなすか、万物を創造し万事に介入する強力な神とみなすかというものであった。そのような「神」観の対立は、ここで見られた超越的ないし内在的オイコノミア支配の区別となにかしら共通の問題位相を孕みつつ、細部の議論で決定的な掛け違いが見出され、興味深い。

(15) この点を強く支持する主張として、田川建三『新約聖書　訳と注4』作品社、二〇〇九年、四八四―四八五頁参照。

(16) G. Richter, *Oikonomia: Der Gebrauch des Wortes Oikonomia im Neuen Testament, bei den Kirchenvätern und in der theologischen Literatur bis ins 20. Jahrhundert*, Berlin, 2005, passim (ex. pp. 36, 53, 67 etc.)

(17) G・アガンベン『王国と栄光』高桑和巳訳、青土社、二〇一〇年、五三―五八頁（特に五五頁）参照。

(18) ここでの「洞窟」がプラトン『国家』篇のいわゆる「洞窟の比喩」に由来するものであることは言うまでもない。この論点に関しては、拙著『教父と哲学――ギリシア教父哲学論集』（知泉書館、二〇一九年）第5章を参照していただきたい。

(19) V. Lossky, *In the Image and Likeness of God* (New York: St. Vladimir's Seminary Press, 1974), 126.

用語解説

ウァレンティノス派

謎に包まれた人物ウァレンティノスを始祖とし、二世紀後半に最盛期を迎える古代キリスト教グノーシス主義の一派。本書で紹介されるプトレマイオスは、ウァレンティノス派を代表する卓越した知性の持ち主であった。善―悪、霊―肉二元論的な世界観に基づき、物質的な被造世界に住まう人類が、唯一の原理である至高神のもとへと回帰することによって救済が得られると説く。「グノーシス主義」という呼び名も、人類の救済が、至高神に由来する本来的な自己の認識（グノーシス）に起因するということに基づく。ウァレンティノス派をはじめとするキリスト教グノーシス主義者は自らをキリスト教徒と信じて疑わないが、正統派からは異端として排斥された。

公会議

ギリシア語「オイクーメニケー・シュノドス」（*Οἰκουμενικὴ σύνοδος*）。「オイクーメニケー」とは、「オイコス（家）」や「オイケイン（住む）」から派生した「（およそ人が住まう限りの）世界」を意味する名詞「オイクーメネー」の形容詞（女性）形で、「世界に開かれた」という意味。「使徒行伝」（一五・二二）に記されたいわゆる「使徒会議」を原型とした地方規模の「教会会議」は、既に二世紀中頃から各地域の司教たちによって開かれていたが、全教会の信仰や教義に関わる最高決議機関として招集された。ラテン語 concilium oecumenicum（英 ecumenical council）。キリスト教のあらゆる教派の結束を目指す現代の「エキュメニズム（世界教会主義）」や「エキュメニカル運動」の語源でもある。正教会では、この原義に忠実に「全地公会議」と訳される。

砂漠の師父

迫害時代の殉教に代わるような強烈な試練を砂漠の過酷な環境に求め、そこでの禁欲的で観想的な修徳修行を通じてひたすら神を求めた最初期の修道者のこと。三世紀末頃、ナイル河の下流域の砂漠で孤独な隠者（隠修士）として修道生活に入ったエジプトの大アントニオスが最初の砂漠の師父とされる。彼を信奉し、ナイル河口北西部のスケティス砂漠に共住修道院を設立し、以後のエジプト修道院運動の中心的存在となるエジプトの大マカリオスや、その高弟であるエヴァグリオス・ポンティコスが砂漠の師父として有名である。

従属説

〈父〉と〈子〉と〈聖霊〉のそれぞれが同等の本性（神性）をもっているのではなく、キリスト論の場合であれば、〈父〉が〈子〉に優越し、〈子〉が〈父〉に従属すると主張する教説。その典型として、本書では、アレイオス派の主張が取り上げられる。彼らの主張するところによれば、〈子〉は〈父〉によって無から造られたのであり、〈子〉の存在しない時があったとされる以上、〈子〉の存在の〈父〉への依拠は明白だとみなされる。こうした主張を異端として退けたニカイア信条において、〈父〉と〈子〉が同一本質（ホモウーシオス）であることが宣言されたが、逆に言えば、従属説とは三位格が同一本質であることを否定する主張と言うこともできる。ニカイア後、アレイオス論争の鎮静化に伴い、新たに〈聖霊〉が〈父〉と〈子〉に従属するという主張がプネウマトマコイ（〈聖霊〉と闘う者たち）によってなされたが、この主張も従属説に属する。

ストア派

紀元前三〇〇年頃、ギリシアのアテナイのアゴラ（広場）北東に位置する彩色柱廊（ストア・ポイキレー）を歩きまわりながら、初代学頭キティオンのゼノンが哲学を講じたと伝えられるところから、「ストア派」と称されるようになったヘレニズム時代の主要な哲学学派。その影響力は四世紀以上に及び、教父たちも深く影響を受けた。主要な学説は、初期（古）ストア派の第三代学頭クリュシッポス（前二〇八／四没）によって確立されたが、その著作は完全な形では残存しておらず、二〇世紀初頭に初期断片集が編まれた。対してローマ帝政期の後期ストア派になると、セネカ、エピクテトス、マルクス・アウレリウス帝の著作を完全な形で読むことができる。ちなみに、英語の stoic（「禁欲的な」）は「ストア」を語源としているが、ストア派の倫理思想それ自体を単純に「禁欲主義」とみなすことはできない。

ペリパトス派

古代アテナイにアリストテレスが創設した学校「リュケイオン」を拠点とし、師の死後もアリストテレス主義を長年にわたって継承した学派名。その学校では、午後の一般講話に先立ち、午前中にアリストテレスが弟子たちと哲学の議論を交わしながら学園内を散歩していたことから「ペリパトス（「散歩」の意）派」と呼ばれた（それゆえ和訳では、この学派は優雅に「逍遙派」と呼ばれている）。

あとがき

本書が生まれるにいたった経緯は、幾重もの偶然な出会いに導かれたものでした。きっかけは、二〇一七年に帰天なさった大学時代の恩師である門脇佳吉先生の葬儀の際、学生時代に共にプラトンを読み、哲学を語りあった同窓の峯岸正典氏に、実に数十年ぶりに再会できたことでした。ご実家が曹洞宗のお寺でありながらミッション系の上智大学哲学科に入学し、ハイデガー哲学に傾倒した彼は、得度し僧侶となってお寺を継いだ後、当時、門脇先生も推進役のお一人であったエキュメニカルな国際的宗教対話の試みに加わり、日本僧侶団の一員として渡欧するなど、その活躍はめざましいものでした。その一方で彼が地道に積み重ねてきたのが、彼の主宰する宗教間対話研究所の例会で、様々な宗教、宗派の講師による講演と小人数ながら熱心な聴衆との充実した討論が毎回繰り広げられてきました。ありがたいことに、偶然の再開を機に、峯岸氏から同研究所の例会で何か話をしてくれないかというお誘いをいただいたのが、二〇一九年の師走でした。当日は、例会のメンバーの適切な質問にも助けられ、私自身、とても楽しく有意義なひとときを過ごすことができました。折しも、翌年から曹洞宗ヨーロッパ国際布教総監として渡仏する峯岸氏の歓送会も兼ねたその日の打ち上げのことは、忘れがたい思い出です。

後日、その例会での私の話を聞いてくださった参加者のお一人、教文館出版部の倉澤智子さんがお声をかけてくださったことから、とんとん拍子で本書の企画が立ち上がりました。しかし、好事魔多しで、二〇二〇年からのコロナ禍での慣れないオンライン授業の準備などで、なかなか仕事がはかどりませんでした。しかも、いざ取り組んでみると、私にはキリスト教の一般書を書くだけの経験も力量もないことを今さらながらに思い知らされました。古代ギリシア哲学から研究の軸足をギリシア教父学に移し始めたのが五〇代になってからですから、私にできることといえば、専門的に読み漁ってきた二世紀から四世紀にかけてのギリシア教父文献とその背景にあるギリシア哲学のエッセンスを紹介するしかありません。しかし、古代キリスト教が自らのアイデンティティを確立しつつある中で、根本教義の形成に向かうべく論争に明け暮れた教父たちの細々とした地味な議論を、一体どうしたら明快に、しかも面白く語ることができるのか、ずいぶん悩み、試行錯誤を繰り返しました。

そんな時、たまたま私の本務校での大学院の演習に聴講生として参加させてほしいとメールをくれたのが、東京大学博士課程在籍（当時は修士）の石川知輝さんでした。コロナ禍がもたらした数少ない効用に、空間的な制約なしに、多くの異なった大学の学生さんと共通のテクストを読み進めていく、いわゆるオンライン読書会が一般化したことが挙げられます。我々の「オンライン教父文献読書会」も、今では本務校の授業とは一切関わりなく、純粋に有志の会として、今年で三年目に入りました。参加者も多少の出入りはあるものの、東大、早稲田、慶應、立正大などの院生を中心に常時五名前後で、毎回三時間あまり、クレメンス、オリゲネス、アタナシオス、ニュッサのグレゴリオスなどの原典を読み継いできています。本書の構想を思い倦《あぐ》ねていた私にとっては実に幸いなことに、この読書会での若く才気あふれる友人たちとの交流は、まさにインスパイアの宝庫でした。読書会メンバーの皆さんには、深く感謝申し上げると共に、今後のご活躍をおおいに期待しています。

彼らのおかげもあって、たどり着いたのが、本書で取り上げた極めて素朴な三つの問いです。いろいろ複雑に絡み合った話の筋を、単純な問いに集約することで、本書全体の構成が少しでも明快になってくれればと、今はただ祈るような気持ちです。

何より、原稿が滞っている間は忍耐強く見守り、ひとたび原稿が上がったなら、生硬な私の原稿を仔細に検討し、容赦なく削除すべきところは削除し、補足すべきところにはほぼ全頁にわたって朱筆を入れてくださった倉澤さんの献身的なサポートに、この場を借りて、心よりお礼を申し上げます。

最後に、路傍の石地蔵にも手を合わすことを欠かさなかった亡き母に、遅ればせながら本書を捧げたいと思います。

二〇二三年七月

土橋　茂樹

索　引

人　名

聖　書

文 献 表

（本書で引用する際に使用した原典、さらに邦訳がある場合はその翻訳書）

略号

GCS　Die Griechischen Christlichen Schriftsteller
LCL　Loeb Classical Library
PG　Patrologiae Cursus Completus: Series Graeca, ed. J. P. Migne
PL　Patrologiae Cursus Completus: Series Latina, ed. J. P. Migne
SC　Sources Chrétiennes

プラトン

J. Burnet (ed.), *Platonis Opera,* Oxford Classical Text.

「パルメニデス」田中美知太郎訳、『プラトン全集 4』岩波書店、1975 年所収 .

「国家」藤沢令夫訳、『プラトン全集 11』岩波書店、1976 年所収 .

「ティマイオス」種山恭子訳、『プラトン全集 12』岩波書店、1975 年所収 .

アリストテレス

W. D. Ross (ed.), *De Anima,* Oxford, 1956.

「魂について」中畑正志訳、『アリストテレス全集 7』岩波書店、2014 年所収.

W. Jaeger (ed.), *Metaphysica,* Oxford, 1957.

「形而上学」出隆訳、『アリストテレス全集（旧版）12』岩波書店、1988 年所収.

偽アリストテレス

Aristotle, On Sophistcal Refutations; On Coming-to-be and Passing away; On the Cosomos, LCL, Cambridge, Mass./London, 1955.

「宇宙について」金澤修訳、『アリストテレス全集 6』岩波書店、2015 年所収.

ストア派

H. von Arnim (ed.), *Stoicorum veterum Fragmenta*, II, Leibzig, 1903.

『クリュシッポス』水落健治・山口義久訳、『西洋古典叢書　初期ストア派断片集 2』京都大学学術出版会、2002 年.

アルキノオス

O. F. Summerell et al. (hg.), *Alkinoos, Didaskalikos: Lehrbuch der Grundsätze Platons*, Berlin/New York, 2007.

「プラトン哲学講義」久保徹訳、『西洋古典叢書　プラトン哲学入門』中畑正志編、京都大学学術出版会、2008 年所収.

ヌーメーニオス

É. des Places (ed.), *Numénius, Fragments*, Paris, 1973.

アッティコス

É. des Places (ed.), *Atticus, Fragments*, Paris, 1977.

フィロン

F. H. Colson, G. H. Whitaker et al. (eds.), *Philo*, 10 vols, LCL, Cambridge Mass./ London, 1929-1962.

『世界の創造』野町啓・田子多津子訳、教文館、2007 年.

使徒教父

Michael W. Holmes (ed. & tr.), *The Apostolic Fathers: Greek Texts and English Translations*, 3rd ed. Grand Rapids: Baker Academic, 2007.

荒井献編『使徒教父文書』講談社文芸文庫、1998 年 .

ヘラクレイトス（ホメロス注釈者）

D. A. Russell & D. Konstan (eds.), *Heraclitus: Homeric Problems*, Atlanta, 2005.

ユスティノス

M. Marcovich (ed.), *Iustini Martyris: Apologiae pro Christianis, Dialogus cum Tryphone*, Patristische Texte und Studien 38/47, Berlin/New York, 2005 (1994 1st).

「第一弁明、第二弁明」柴田有訳、「ユダヤ人トリュフォンとの対話（序論）」三小田敏雄訳、『キリスト教教父著作集 1　ユスティノス』教文館、1992 年.

タティアノス

M. Whittaker (ed.), *Tatian: Oratio ad Graecos and Fragments*, Oxford, 1982.

テオフィロス

R. M. Grant, *Theophilus of Antioch: Ad Autolycum*, Oxford, 1970.

「アウトリュコスに送る」今井知正訳、『中世思想原典集成　初期ギリシア教父』上智大学中世思想研究所編、平凡社、1995年所収.

エイレナイオス

A. Rousseau & L. Doutreleau, *Irénée de Lyon: Contre les Hérésies*, Liver I, Tome II (SC 264), Paris, 1979.

A. Rousseau & L. Doutreleau, *Irénée de Lyon: Contre les Hérésies*, Liver II, Tome II (SC 294), Paris, 1982.

『異端反駁Ⅰ・Ⅱ』大貫隆訳、『キリスト教教父著作集2/Ⅰ・Ⅱ　エイレナイオス1・2』教文館、ともに2017年.

テルトゥリアヌス

Tertullianus, *Adversus Praxeam*, in: Migne PL 2.

「プラクセアス反駁」土岐正策訳、『キリスト教教父著作集13　テルトゥリアヌス2』教文館、1987年所収.

ヒッポリュトス

M. Marcovich (ed.), *Hippolytus: Refutatio omnium Haeresium*, Patristische Texte und Studien 25, Berlin/New York, 1986.

『全異端反駁』大貫隆訳、『キリスト教教父著作集19　ヒッポリュトス』教文館、2018年.

クレメンス（アレクサンドレイアの）

A. Le Boulluec (ed.), *Clément D'Alexandrie, Les Stromates, Stromate V tome I*, SC 278, Paris, 1981.

A. Le Boulluec (ed.), *Clément D'Alexandrie, Les Stromates, Stromate VII*, SC 428, Paris, 1997.

『ストロマテイス（綴織）II』秋山学訳、『キリスト教教父著作集4/Ⅱ　アレクサンドリアのクレメンス2』教文館、2018年.

Clément D' Alexandrie, Le Pédagogue, Livre I, M. Harl (tr.), SC 70, Paris 1960.

「パイダゴーゴス（訓導者）」秋山学訳、『キリスト教教父著作集 5　アレクサンドリアのクレメンス 3』教文館、2022 年所収.

オリゲネス

J. Behr (ed. & tr.), *Origen: On First Principles, Volume I*, Oxford, 2017.

J. Behr (ed. & tr.), *Origen: On First Principles, Volume II*, Oxford, 2017.

『諸原理について』小高毅訳、『キリスト教古典叢書 9』創文社、1978 年.

M. Borret (ed.), *Origène: Contre Celse, Tome II (Livres III et IV)*, SC136, Paris, 1968.

M. Borret (ed.), *Origène: Contre Celse, Tome IV (Livres VII et VIII)*, SC150, Paris, 1969.

『ケルソス駁論 II・III』出村みや子訳、『キリスト教教父著作集 8・9　オリゲネス 4・5』教文館、1997 年／ 2022 年.

E. Klostermann (hg.), *Jeremiahomilien; Klageliederkommentar; Erklärung der Samuel- und Königsbücher*, GCS 3, Berlin, 1983.

『ヨハネによる福音注解』小高毅訳、『キリスト教古典叢書 11』創文社、1984 年.

パンフィロス

Apologia S. Pamphili pro Origene, in: Migne PG 17.

エピファニオス

K. Holl (ed.), *Panarion (Adversus haereses)*, GCS 25, Leibzig, 1915.

エウセビオス

Eusebius Caesariensis, *Historia Ecclesiastica*, in: Migne PG 20.

『エウセビオス「教会史」上』秦剛平訳、講談社、2010 年 .

E. Klostermann (ed.), *Gegen Marcell; Über die kirchliche Theologie; Die Fragmente Marcells*, Eusebius Werke Bd. 4 (GCS), Berlin, 1991 (19061st).

Eusebius, *Demonstratio Evangelica*, in: Migne PG 22.

ソクラテス・スコラスティコス

Socrates Scholasticus, *Historia Ecclesiastica*, in: Migne PG 67.

マルケロス

M. Vinzent (ed.), *Die Fragmente, Der Brief an Julius von Rom*, Leiden, 1997.

アタナシオス

K. Metzler et K. Savvidis (eds.), *Athanase d'Alexandrie: Traités contre les Ariens, Tome I, II*, SC 598-599, Paris, 2019.

Athanasius, *Expositio Fidei*, in: Migne PG 25.

アレイオス論争

H.-G. Opitz (ed.), *Athanasius Werke, Vol. III 1-2, Urkunden zur Geschichte des arianischen Streites 318-328*, Berlin/Leipzig, 1934-5.

バシレイオス（カイサレイアの）

H. J. Sieben (hg.), *Basilius von Cäsarea: De Spiritu Sancto, Über den heiligen Geist*, Freiburg/New York, 1993.

『聖大バシレイオスの『聖霊論』』山村敬訳、『キリスト教歴史双書16』南窓社、1996年.

E. Y. Courtonne (ed.), *Saint Basile: Lettres*, 3 vols., Collection des universités de France, Paris, 1957-1966.

グレゴリオス（ニュッサの）

Ad Theophilum, Adversus Apolinaristas, in: F. Mueller (ed.), *Gregorii Nysseni Opera Dogmatica Minora, pars I*, Gregorii Nysseni Opera III/1, Leiden, 1958.

《著者紹介》
土橋　茂樹　（つちはし・しげき）

1953年東京生まれ。1988年上智大学大学院哲学研究科博士後期課程単位取得満期退学。同文学部哲学科助手（1988-91）を経て、1998年中央大学文学部哲学科助教授、2003年より同教授、現在に至る。その間、オーストラリア・カトリック大学・初期キリスト教研究所客員研究員（2006-07）、慶應義塾大学・言語文化研究所兼任所員（2014-2024）を兼務。

著　書『振り向きざまのリアル——哲学・倫理学エッセイ集』（知泉書館、2022）、『教父と哲学——ギリシア教父哲学論集』（知泉書館、2019）、『哲学（新版）』（中央大学通信教育部、2019）、『善く生きることの地平——プラトン・アリストテレス哲学論集』（知泉書館、2016）ほか。

編　書『存在論の再検討』（月曜社、2022）、『善美なる神への愛の諸相——『フィロカリア』論考集』（教友社、2016）ほか。

訳　書「色彩について」他3編（『アリストテレス全集12 小論考集』岩波書店、2015所収）、R. ハーストハウス『徳倫理学について』（知泉書館、2014）、エジプトの聖マカリオス「五〇の講話——抄録者シメオンによるその150章の抄録」（『フィロカリアⅥ』新世社、2013所収）、偽マカリオス「説教集」「大書簡」（『中世思想原典集成3——後期ギリシア教父・ビザンティン思想』平凡社、1994所収）ほか。

教父哲学で読み解くキリスト教
— キリスト教の生い立ちを考える3つの問い

2023年8月30日　初版発行

著　者　土橋　茂樹
発行者　渡部　満
発行所　株式会社　教文館
〒104-0061 東京都中央区銀座4-5-1
電話 03(3561)5549　FAX 03(5250)5107
URL　http://www.kyobunkwan.co.jp/publishing/

印刷所　モリモト印刷株式会社
配給元　日キ販　〒162-0814 東京都新宿区新小川町9-1
電話 03(3260)5670　FAX 03(3260)5637

ISBN　978-4-7642-6176-1　Printed in Japan